Rosi Orozco

Explotación sexual
Esclavitud como negocio familiar

CONJURAS

L.D. Books

Explotación sexual. Esclavitud como negocio familiar
© Rosi Orozco, 2015

 **L.D. Books**

D. R. © Editorial Lectorum, S. A. de C. V., 2015
Batalla de Casa Blanca Manzana 147 A, Lote 1621
Col. Leyes de Reforma, 3a. Sección
C. P. 09310, México, D. F.
Tel. 5581 3202
www.lectorum.com.mx
ventas@lectorum.com.mx

Primera edición: julio de 2015
ISBN: 978-1537462707

D. R. © Fotografía de portada: Shutterstock®
D. R. © Portada: Angélica Irene Carmona Bistráin

Agradecimientos

Alex: utilizo el nombre de Rosi Orozco porque es un honor hacerlo; eres el mejor ser humano del mundo. Cada día tu amor incondicional me da las fuerzas que necesito para avanzar sin detenerme, eres el mejor esposo, el mejor amigo, el mejor consejero y sólo Dios conoce el costo que pagamos por emprender esta lucha en contra de la trata de personas, mereces recompensas eternas de todo lo que has invertido en esta causa. GRACIAS, TE AMO CON TODA MI ALMA.

Gracias a mis padres, Pepe y Rosita, por enseñarme a valorar a cada ser humano, por darme ejemplo en casa de tratar con dignidad a cada persona.

Gracias a toda mi familia por apoyar, por ser solidarios, por su cariño diariamente y por lo que han tenido que soportar durante estos años.

A todas las personas que apoyan la lucha contra la trata de personas desde Casa Sobre la Roca, les agradecemos su apoyo, sus oraciones y su cariño. Desde el principio comprendimos que para luchar en contra del crimen organizado de trata de personas debemos organizarnos más y sólo unidos haremos la diferencia; este lema ha sido el motor de la Comisión Unidos *vs.* Trata, A. C., la organización que encabezo. Estoy muy agradecida con cada uno de los Consejeros, quienes aportan dones y talentos fundamentales para seguir avanzando. Muchas gracias a las 103 organizaciones de la sociedad civil que nos apoyan.

Otorgo una dedicatoria especial a cada víctima, aquellas que aún viven bajo el yugo de la esclavitud, a ustedes les digo: No descansaremos hasta que sean rescatadas y cuando vean la luz, trabajaremos a su lado para que recuperen la dignidad que les robaron y no nos detendremos hasta que sean personas de éxito, de tal manera que la gente pueda admirar la belleza de sus talentos únicos e incomparables.

Cada noche llego a mi casa con la conciencia de haber entregado el 100% de mi esfuerzo y estoy segura de que el resultado favorable en esta lucha solamente se debe al respaldo del Dios en el que creo, que me sacó de una vida egoísta para mostrarme que la vida plena, que la vida verdadera, es dar nuestra vida por los demás.

Al final de este libro también otorgamos especial reconocimientos a personas y organizaciones de la sociedad civil que han sido parte fundamental de esta lucha, porque UNIDOS ESTAMOS HACIENDO LA DIFERENCIA EN CONTRA DE LA ESCLAVITUD.

A manera de prólogo

Abordar el tema de explotación sexual, desde cualquier ángulo, causa polémica y es sumamente controversial y para poder acotarlo, es jugar a los dados con una realidad que lacera y que lastima a muchos, pero que beneficia, enriquece y da poder a muchos más; es navegar en aguas insondables y profundas, en donde lo bello de las formas y el paisaje contrasta, sin notarse siquiera, con tenebrosos, pavorosos, escalofriantes e impenetrables abismos, con inmensa actividad volcánica, inquietante, perturbadora y permanente, que emergen intempestivamente, sobre la manifiesta inmensidad de los océanos de la vida, como terribles, espeluznantes e indignantes historias, relatos y vivencias, camuflados como bellos, opulentos y apacibles islotes.

Cómo contemplar, apreciar y conocer, en su inconmensurable dimensión lo que nos pervierte como diminuta chispa, de un universo lejano, escurridizo, incierto, infinito y sombrío.

Cómo determinar, dónde terminan los derechos de unos y empiezan las obligaciones de otros, en esta industria sin chimeneas, sin inversión, sin capital, sin patrones, sin producción, sin administración, sin prestaciones, sin remuneraciones, sin gastos y sin impuestos; que incorpora al mal llamado "oficio más antiguo del mundo" como única materia prima, con mano de obra barata e integrada, que hace a este, célebre, radiante e ilustre sector empresarial, como el más cotizado del mercado internacional y con los más altos índices de crecimiento y rentabilidad, y que lo único que impide su posicionamiento a elevados niveles de honorabilidad es la imposibilidad de cotizar en la inefable e infalible bolsa de valores de Nueva York, por estar paradójica y congénitamente exenta de los registros legales correspondientes.

Se asegura que sobre gustos y gustar no hay disputas; pero si la vida es todo un disputar sobre gustos y gustar; el gusto es peso, balanza y pesador simultáneamente y cuídese el vivo, que pretendiera vivir sin disputa y sin pesa, sin balanza y sin pesador.

Anónimo

Introducción

Hasta hace unos años, la trata de personas era totalmente invisible y se camuflaba entre lo ocupado de nuestra vida diaria.

Aquel niño que pedía dinero en las calles formaba parte del paisaje citadino, y qué decir de aquellas mujeres deambulando con mucha hambre y poca ropa, a lo largo y ancho de las calles, avenidas y barrios como Sullivan, Tlalpan y La Merced (ubicadas en la Ciudad de México), y que para muchos no son más que trabajadoras sexuales por convicción (sin negar que algunas pocas lo sean, pero está comprobado que la mayoría son víctimas y muchas de ellas menores de edad).

Y ¿qué decir de aquellas extranjeras que exhiben sus cuerpos y ofrecen "servicios completos" en giros negros? De todas ellas nunca analizamos sus motivos o sus presiones, mucho menos sus necesidades para valorarlas coherentemente.

Se estima que el 15% de la prostitución está conformada por varones que, en su gran mayoría, son obligados, sufren discriminación y terrible violencia. No existe en el país ni un solo refugio para ellos.

Por otra parte muchos niños y niñas son robados y obligados a mendigar y la mayoría de las mujeres en situación de prostitución son forzadas y vilipendiadas, así sucede también con brasileñas, argentinas, colombianas, cubanas, venezolanas y mujeres de Europa del Este, entre otras, que son traídas a nuestro país con engaños y falsas promesas.

Ante toda esta realidad, gracias al trabajo de algunos legisladores comprometidos a favor del bien común, de personas que conforman la sociedad civil y, en especial, de los medios de comunicación, los mexicanos cada día estamos más informados, a pesar de que aún existe mucho por hacer.

La publicación de una de las leyes más avanzadas en la materia a nivel mundial, según el argentino Elías Carranza director del Instituto Latinoamericano de Naciones Unidas para la Prevención del Delito y el Tratamiento de los Delincuentes (ILANUD) —la Ley General para Prevenir, Sancionar y Erradicar los Delitos en Materia de Trata de Personas y para la Protección y Asistencia a las Víctimas de estos Delitos (Ley General)— aquí en México, permitió que se hiciera visible este grave problema y, además, que se asignaran recursos para prevenir a la sociedad de este mal, que resquebraja el tejido social y lo fractura en su totalidad.

Múltiples campañas en el transporte público y en algunos medios de comunicación nos han hecho cuestionarnos de qué se trata la trata. Así se ha logrado, al menos, tener una idea más clara de las consecuencias que este flagelo imprime en nuestra sociedad.

En la Ciudad de México, las campañas permanentes en el sistema de transporte Metrobús permiten a la población comprender que la trata de personas es la peor forma de esclavitud en pleno siglo XXI.

Debemos tomar conciencia que "sin querer queriendo" se induce a este delito, quienes asisten a giros negros, donde explotan cuerpos de mujeres y niñas, pagando por sexo o consumiendo pornografía infantil y drogas; hoy sabemos que podemos movilizarnos en redes sociales cuando nos enteramos que una niña o un niño está desaparecido, para cooperar con las autoridades en su localización y rescate.

Expertos, académicos e investigadores han ahondado en el tema y dan cuenta que este fenómeno no es un delito cualquiera, primeramente, porque va más allá de la explotación sexual o prostitución forzada y tiene incidencia hasta en la delincuencia organizada mundial.

Pero sobre todo, porque conlleva tratamientos y procesos jurídicos específicos, debido a la vulnerabilidad de las víctimas, a quienes se les arrebató su dignidad, libertad y seguridad, enfrentando graves, infranqueables y absurdos obstáculos para ser reintegradas a la sociedad.

En México, existen once modalidades de delitos en materia de trata de personas (artículo 10 de la Ley General):

1. La esclavitud.
2. La condición de siervo.
3. La prostitución ajena u otras formas de explotación sexual.
4. La explotación laboral.

5. El trabajo o servicios forzados.
6. La mendicidad forzosa.
7. La utilización de personas menores de dieciocho años en actividades delictivas.
8. La adopción ilegal de personas menores de dieciocho años.
9. El matrimonio forzoso o servil.
10. Tráfico de órganos, tejidos y células de seres humanos vivos.
11. Experimentación biomédica ilícita en seres humanos.

De acuerdo con la Oficina de las Naciones Unidas contra la Droga y el Delito (UNODC por sus siglas en inglés), las víctimas de trata presentan traumas derivados de la experiencia, complicaciones de salud, ruptura de las relaciones familiares, rechazo de la comunidad, y aún dificultades económicas, relacionadas con la falta de oportunidades de empleo y su eventual incorporación. Ante ello, enfatizan que el enfoque de actuación para la erradicación de este delito, en todas sus modalidades, debe partir de esa premisa.

En este libro nos enfocaremos en el tema de la explotación de la prostitución ajena, que además de ser la modalidad más común, es la más perversa, porque destruye el proyecto de vida y la dignidad de miles de valiosos seres humanos en México.

Diferentes organismos internacionales aseguran que la lucha contra la trata debe sustentarse en varios principios, y uno de los más importantes es la diferenciación de las víctimas de trata de personas frente a las víctimas de otros delitos.

Ante ello, los expertos refieren que debemos entender sus diferencias, porque aquella persona que es víctima de robo, secuestro o violación se siente protegida cuando se encuentra frente a un policía y siente alivio cuando se reencuentra con su familia o comunidad, pero miles de jóvenes víctimas de explotación sexual sienten miedo al encontrarse con las fuerzas de seguridad, porque desconocen si estos elementos forman parte de los grupos policiales que son clientes frecuentes de aquellos giros negros donde fueron explotadas, o bien si dieron información a los tratantes sobre operativos; asimismo, al llegar con su familia o ante su comunidad, en muchas ocasiones son discriminadas, agredidas y degradadas.

Pero si esto no es suficiente para entender que este delito es uno de los más graves y que el daño a las víctimas conlleva tratamientos específicos, en este libro narraremos las historias de cuatro sobrevivientes que fueron enganchadas por *padrotes* de Tlaxcala.

¿Y por qué es importante destacar que son de dicha entidad federativa?

Porque la mayoría de los tratantes de personas son originarios de las comunidades al sur de este estado, donde incluso las autoridades conocen las redes de trata, las que operan sin tapujos y en una brutal impunidad, toda vez que este delito se ha convertido en una "profesión" admirable y fascinante para los niños de esos poblados, debido a la falta de oportunidades de educación y empleo y al derroche de los tratantes frente a todo el pueblo.

Varios políticos han llegado al poder con el apoyo de estos grupos de esclavizadores, por eso algunos siendo

19

legislador o legisladora intentan retroceder en leyes que hoy les castigan severamente. Discovery Channel lanzó recientemente el documental *Trata de mujeres de Tenancingo a Nueva York*, en el que un equipo de investigación se adentró en el mundo de la red de explotación sexual de Tlaxcala a Estados Unidos, mostrando el descaro y la exagerada presunción de los tratantes.

En esa producción se expone el viaje de dos mujeres que son llevadas con mentiras, engaños y falsas promesas desde Tenancingo (poblado al sur de Tlaxcala) hasta Nueva York, donde son obligadas a prostituirse. Recaba también la declaración de un *padrote*, quien ante las cámaras narra las artimañas de su "oficio".

De esta forma, a lo largo de los cuatro capítulos que integran este libro vamos a ir dibujando las respuestas a esta pregunta desde la perspectiva de *las tradiciones*; lo que genera *la violencia de género y el machismo*; cómo contribuyen la *pobreza y la vulnerabilidad*; y, finalmente, cómo *la sociedad* también ha jugado un lugar importante en la explicación de este fenómeno o negocio familiar.

En el primer capítulo, *Por algunas tradiciones*, se presenta el contexto geográfico del estado de Tlaxcala, la fiesta que anualmente se celebra y que representa dominio y poder, y cómo algunas costumbres han permitido que se considere al hombre "hecho" para dominar y a la mujer para obedecer, procrear y casarse. Este recorrido *entre volcanes y costumbres*, se verá enmarcado con el testimonio de Pedro, un *padrote* actualmente encarcelado, y *la historia de Daniela*, una joven víctima, *sus enseñanzas y su voz silenciosa*. En este capítulo también se comenta sobre la *justicia restaurativa* y su puesta en acción con Pedro, así como de lo que llamo el *círculo virtuoso* que debe guiar a la lucha contra la trata de personas.

El capítulo 2, *Por la violencia de género y el machismo*, pone de manifiesto cómo la sociedad ha marcado una diferencia entre el hombre y la mujer que no permite a esta última acceder a una vida digna, generando que la explotación sexual se encuentre en la cúspide de la violencia, seguida del feminicidio. El recorrido comienza analizando las *raíces* de la violencia, cómo se establece una *bisagra* siniestra, entre convencer a la mujer a prostituirse con engaños u obligarla con golpes y amenazas; para tocar el tema de la demanda... *Tanto peca quien mata a la vaca...* continuando con la *historia de Pamela*, víctima de la falta de oportunidades, un hogar disfuncional y de Manuel, un hombre sin escrúpulos. Pamela narra cómo Manuel *sólo quería el dinero*, cómo la envolvieron las circunstancias para hacerle creer que esta es *la vida que le tocó*, y cómo se convirtió ella misma en un *negocio internacional*.

En el tercer capítulo se detalla cómo *la pobreza y la vulnerabilidad* se suman como factores que facilitan el negocio familiar de la explotación sexual. Se presenta una *visión y radiografía* del problema en México y, especialmente, del estado de Tlaxcala —plasmado de manera muy gráfica en el llamado "Árbol de la Trata"—, para después reflexionar sobre la *Juventud perdida*, cómo existe una asociación entre pobreza y trata de personas y cómo se sigue "vendiendo" a los jóvenes que la forma de éxito fácil es a través de este delito. Se hace un llamado para rescatar a la juventud y, finalmente, en este capítulo se detalla *la historia de Rosaura* y cómo poco a poco Luis la fue arrastrando *hacia el infierno* de la trata.

El último capítulo, *Por la sociedad*, reflexiona en cómo nos han hecho creer que la oferta y la demanda con algo natural; que se trata de un negocio más, cuando en realidad es un delito. Se resalta cómo existe un cabo suelto en toda esta ecuación: *el cliente*, quien en ocasiones no está al tanto de lo que sucede, pero que funciona como motor de esta empresa, nosotros le decimos: elige ver y verás otra realidad; también se aborda el papel de los empresarios, cómo deben negarse a ser cómplices silencios y no sólo ver una cuestión de ganancias; concluyendo con *la historia desgarradora de Neli* y cómo, al igual que en los casos de *Daniela, Pamela y Rosaura*, finalmente llegó *el rescate* y, así, *la vida toma su curso*.

Capítulo I

Por algunas tradiciones

En todo el mundo reconocen a nuestro país por sus coloridas fiestas, costumbres y tradiciones. Para nosotros los mexicanos, estas festividades juegan un papel muy importante, porque definen quiénes somos y quizá, sin la familia y la comunidad que nos rodea, estas creencias se hubieran perdido hace muchos años.

Sin embargo, ¿hasta qué punto algunas de ellas se han modificado para convertirse en expresiones de una violación constante de los derechos humanos, de la privación de la libertad humana o de la dominación del hombre sobre la mujer?

Cada región de México tiene sus propios festejos, con orígenes muy antiguos, que sobrevivieron a la conquista de los españoles, a crisis económicas y flujos migratorios, pero muchos de ellos se han transformado y se han adaptado a las nuevas necesidades, estilos de vida y deseos de cada comunidad.

Como cualquier otro estado, Tlaxcala tiene sus propias costumbres, que se han transmitido de padres a hijos y entre compadres, ahijados y paisanos, que a lo largo del tiempo han evolucionado en fiestas, oficios y formas de vida muy peculiares.

Y a pesar de ser uno de los estados más bellos de nuestro país, lleno de riqueza cultural, hogar de gente buena y trabajadora, ha sido marcado por un estigma perverso debido a unos cuantos cobardes que abusan del cuerpo, la libertad y la dignidad de mujeres y niñas.

En esta entidad, miles de varones de entre 15 y 45 años han encontrado en la explotación sexual su forma de subsistencia y, en esta práctica, se han conjuntado las tradiciones culturales, el machismo y la pobreza para enganchar a decenas de miles de niñas, adolescentes y mujeres de todo el país, para convertirlas en esclavas sexuales.

Entre volcanes

Tlaxcala es la entidad federativa de menor extensión en México. Se encuentra en el centro-oriente del país, colinda con el estado de Puebla, el Estado de México e Hidalgo y forma parte del eje volcánico que atraviesa la parte central del país. Su paisaje se caracteriza por sus hermosas vistas de los volcanes Popocatépetl, Iztaccíhuatl, Tláloc y hasta el Pico de Orizaba.

En el censo de población y vivienda 2010 del Instituto Nacional de Estadística y Geografía (INEGI), se registraron un millón 169 mil 936 habitantes, de los cuales 565 mil 775 son hombres y 604 mil 161 son mujeres; mientras que 27 mil 653 hablan alguna lengua indígena, cerca de 40% del total de la población es considerada económicamente activa.

Sus principales actividades económicas son el cultivo de maíz, cebada, frijol, calabaza, durazno, manzana, pera y ciruela; la exportación de carne de res, puerco, pollo y guajolote y también la producción de lácteos.

De acuerdo con el Programa de las Naciones Unidas para el Desarrollo (PNUD), Tlaxcala se ubica entre los estados con un índice de desarrollo humano medio, es decir, con mediano progreso económico, social, cultural y político. Sin embargo, el análisis con respecto a la igualdad de oportunidades, participación política, laboral y económica de las mujeres muestra que el estado se encuentra en peor posición que el promedio nacional.

De igual manera, la Encuesta Nacional sobre la Dinámica de las Relaciones en los Hogares (Endireh) de 2011 arrojó que 25% de las mujeres tlaxcaltecas mayores de 15 años han sufrido violencia por su pareja y 30% algún tipo de violencia comunitaria, como intimidaciones y/o abuso sexual en el último año.

El INEGI, junto con el Fondo de Desarrollo de las Naciones Unidas para la Mujer (Unifem), destaca en el texto *Estadísticas sobre desigualdad de género y violencia contra las mujeres* que las mujeres en Tlaxcala tienen un trato asimétrico, principalmente porque hombres y mujeres no tienen las mismas libertades, ni pueden ejercer los mismos derechos.

Los datos demuestran que son más las mujeres que no saben leer ni escribir en comparación con los hombres, y son ellos quienes asisten más a la escuela; no obstante, las oportunidades en el trabajo son lo más alarmante. Estos factores socioculturales han creado un estado tal que incluso la Organización de las Naciones Unidas (ONU) considera como un punto crítico para la lucha contra la explotación sexual y la trata de personas.

El Centro de Investigaciones Multidisciplinarias sobre Desarrollo Regional de la Universidad Autónoma de Tlaxcala y el Centro Fray Julián Garcés, Derechos Humanos y Desarrollo Local, A. C., encontraron al realizar la investigación que titularon *Prostitución, pobreza y políticas públicas dirigidas hacia las mujeres en la región sur de la zona de Tlaxcala* –posteriormente publicada como *Un grito silencioso*– que existen comunidades enteras que dependen total y económicamente de la prostitución ajena; entre ellas la multicitada Tenancingo.

Fiesta de dominio

El carnaval en el estado de Tlaxcala es celebrado tres días antes del Miércoles de Ceniza en torno a la Semana Santa y tiene como origen la representación de una persecución entre hacendarios y peones tras una fuga de estos. Antiguamente, durante el festejo, quienes representaban a los peones tocaban las puertas de los habitantes del pueblo, hacían versos y danzas para después ser castigados por los hacendarios a través de latigazos, con el fin de representar las relaciones de dominación. Sin embargo hoy, detrás de esta fiesta se esconde un oficio que ha marcado la vida de miles de mujeres.

Los historiadores afirman que después de una crisis económica que afectó la zona de Puebla-Tlaxcala, en la década de los años setenta del siglo pasado, los habitantes encontraron en la trata de personas una forma de ganarse la vida y, actualmente, el "oficio" se ha transmitido de generación en generación.

En estudios y encuestas se ha encontrado que los *padrotes* han aprendido de sus familiares cercanos, amigos o compadres los métodos de captación, rapto, reclutamiento y explotación sexual de mujeres, adolescentes y niñas en varios estados de la República. Tenancingo es considerada la capital del proxenetismo, ya que concentra múltiples redes familiares dedicadas a la explotación sexual de mujeres; a su vez, diversos informes han encontrado que las rutas de enganche están conformadas, principalmente, por doce estados de la República.

De esta forma y, como lo señala el Dr. Ricardo Romano Garrido, antropólogo en la de la Facultad de Ciencias para el Desarrollo Humano de la Universidad Autónoma de Tlaxcala, es precisamente durante este conocido carnaval cuando se dan cita las grandes familias o grupos de proxenetas para enfrentarse a un duelo de latigazos para demostrar su virilidad y a la sociedad su dominio en el mercado sexual.

Para esta población al sur de Tlaxcala, la violencia se ha convertido en un espectáculo dramático, que expresa una concepción particular y equivocada de la masculinidad. En el encuentro no hay música, ni danza, el único objetivo es demostrar el poderío, la fuerza y virilidad de las familias.

Costumbres

A lo largo de la historia, la sociedad les ha atribuido ciertas obligaciones y comportamientos a las mujeres, como también a los hombres, por ejemplo, se espera que sean ellos quienes provean un hogar y ellas eduquen a los hijos.

Asimismo, se cree en muchas comunidades que los varones tienen el dominio individual y colectivo de sus hijas cuando estas todavía no se casan, aplicable no sólo a lo que hacen o dejan de hacer, sino también relativo a su cuerpo y a su forma de pensar.

Esta creencia hace que la violencia contra las mujeres sea socialmente "permisible" y entre estos actos en contra de los derechos humanos y la dignidad personal, la explotación sexual se encuentra en la cúspide.

A la par, a muchas mujeres en zonas rurales se les inculca como único proyecto de vida el tener hijos y "conseguir marido", con el objetivo de pasar de un dominio familiar, por parte del padre o de los hermanos, al del esposo o pareja.

Es por ello que en muchas ocasiones las jóvenes y niñas esperan encontrar al "amor de su vida" y al hacerlo están dispuestas a entregarlo todo para mantenerlo cerca; mientras que los padres de familia esperan que sus hijos e hijas encuentren una pareja con quien comenzar una familia y desean que se formalice su relación ante la comunidad, exigiendo a las hijas que les presenten al novio y que este los enfrente, se casen y vivan felices.

Sin embargo, estas y otras prácticas culturales y expectativas de vida han sido aprovechadas por los tratantes de mujeres.

Por ejemplo, en la investigación del Centro de Investigaciones Multidisciplinarias sobre Desarrollo Regional de la Universidad Autónoma de Tlaxcala, se encontró que los denominados "caifanes" van a los lugares más alejados de Veracruz, Chiapas o Centroamérica para hacerse amigos de algún padre de familia de escasos recursos o indígena, lo emborrachan y lo convencen de vender a su hija por 15 o 20 mil pesos.

A su vez, en fiestas, parques o lugares donde se congregan jovencitas, los *padrotes* se presentan como hombres exitosos que buscan una pareja y a la "madre de sus hijos", cuando en realidad sólo buscan enamorar a las víctimas, prometerles matrimonio, llevarlas a vivir con ellos o a la casa de sus padres, para después convencerlas con manipulación muy profesional de trabajar en prostíbulos, zonas de tolerancia o centros nocturnos.

Padrotes presos

En junio de 2013 comencé a visitar a algunos de estos victimarios en prisión. He logrado conversar con trece tratantes presos, de los cuales once son originarios de Tlaxcala. Uno de ellos, aunque de origen extranjero, trabajó con tratantes tlaxcaltecas en Queens, Nueva York.

En una ocasión me reuní con tres de ellos y quedé muy impactada por las historias que contaban. Por ejemplo, comentaron la forma en que por años operaron en toda la República Mexicana y en Estados Unidos. Hablaron sobre los carnavales y las fiestas anuales de algunos pueblos de Tlaxcala que se convierten en desfiles de *padrotes* que alardean su "poder" y "riquezas". Describieron las redes delictivas que son conocidas por todos en varios pueblos tlaxcaltecas y cómo hay poblaciones en las que casi todos sus habitantes se dedican a la trata de personas.

En Tenancingo, por ejemplo, calculan que hasta cinco mil personas participan en este delito; en Acxotla del Monte (conocido ahora como Tenancinguito), mil; en San Pablo del Monte, cinco mil; en San Cosme Mazatecochco, mil; en Zacatelco, cuatro mil; en San Luis Teolocholco, dos mil; y en Papalotla, mil. Sólo en estos siete pueblos se cuenta con cerca de 19 mil *padrotes o familiares* involucrados, que operan en redes que van de México a Estados Unidos, a Canadá y algunos hasta Europa. La cifra podría ser mayor pues recordemos que, de acuerdo con la Dra. Patricia Olamendi, 23 de 60 pueblos en Tlaxcala tienen redes delictivas familiares de trata de personas.

CNN en español con Rafael Romo recientemente realizó un documental llamado *Mercancía humana* con base en esta historia.

Pedro fue el primer proxeneta que visité. Él ha sido de quien he recibido más apoyo para conocer y entrevistar a los demás victimarios. La historia de Pedro es la de alguien que se perdió muy joven en la ambición y el egoísmo. Espero que también sea la historia de un hombre que se reforme y encuentre la paz.

Patricia González, una de sus víctimas, actualmente estudia leyes. Sueña con ser diputada y emprender una lucha contra la trata de personas; *Patricia* tuvo miedo de que al salir de la prisión Pedro quisiera vengarse. De esta forma, conociendo el riesgo, pero movida por el gran cariño que le tengo a *Patricia*, decidí ir a visitarlo para convencerlo de buscar su reinserción en la sociedad. Así empezó todo.

Aquel día, mi primera visita a esa cárcel, me adentré por entre la población. Me vi caminando entre miles de hombres en reclusión. Las manos y las piernas me temblaban, el corazón se me salía del pecho. Tenía miedo, pero desde niña aprendí que los miedos hay que enfrentarlos. Me senté en el comedor a esperar a Pedro, convencida de que estaba haciendo lo necesario para garantizar la seguridad de *Patricia*.

Alejandro Treviño, un admirable líder cristiano de Fundación Emmanuel, IAP, y Alex, un joven acusado falsamente de trata de personas con la ley anterior de 2007, fueron a buscarlo. Pedro entró sin saber quién lo buscaba, sólo le habían dicho que tenía "una visita". Cuando Pedro me reconoció, ¡gran sorpresa! se asustó y corrió en dirección contraria. Mis amigos fueron a alcanzarlo y lo convencieron de sentarse conmigo y conversar. Regresó con una actitud muy hostil y misógina, me levantó la voz:

—Usted es Rosi Orozco.

—Sí, Pedro —le respondí tranquila.

—Usted escribió un libro sobre mí —dijo agresivamente. —Sólo un capítulo —le respondí con calma.

La historia de Pedro y *Patricia*, ciertamente, se encuentra en mi libro *Del cielo al infierno en un día*.

—¿Para qué quiere verme? ¿Quiere hacerme más daño? — gritó y como respuesta, yo golpeé la mesa.

—Mira Pedro, tú no tienes nada que perder y yo mucho. Arriesgo hasta mi vida viniendo a verte, por lo tanto quiero que me escuches —le contesté con voz enérgica—. Ni quisiera hablar contigo, pero Dios te ama y es importante que nos conozcamos. Tengo mucho que compartir contigo.

Pedro es de Papalotla, Tlaxcala. Contrario a lo que muchos pensarían, su familia no era una familia disfuncional, por el contrario, era estable. Sus padres eran profesionistas, se dedicaban a la enseñanza y siempre estaban preocupados por el bienestar de su hijo. Sin embargo, Pedro a los doce años decidió que sería *padrote*.

Como muchos niños de su edad, Pedro salía a jugar futbol a la calle. La diferencia es que allí convivía con *padrotes* famosos de Tenancingo y Papalotla.

Aquel niño que fue Pedro no podía evitar admirar y ambicionar sus lujosos coches deportivos, el dinero que derrochaban y las mujeres que los rodeaban. Un día, Pedro le dijo a su padre: "De grande voy a ser *padrote*". Su padre le respondió con una bofetada.

34

Sin importar cuánto intentaron sus padres alejarlo de esa idea, Pedro siguió escuchando semana tras semana las conversaciones de los proxenetas. Estos presumían sus riquezas y sus conquistas, sus palabras estaban llenas de presunción y ambición, pero carecían de valores.

Cuando se convirtió en adolescente, Pedro siguió procurando estas compañías e incluso abandonó la preparatoria. Nunca dejó de decirles a los *padrotes* que él quería ser uno de ellos. Hasta que llegó el día en que algunos de los más importantes de Tlaxcala le ofrecieron financiar su primer *enganche*.

Pedro estaba muy emocionado la primera vez que salió a "moverse". "Moverse", según él mismo explica, es una palabra que los tratantes utilizan para referirse a la "cacería humana", a la búsqueda y conquista de víctimas. Pasó toda la mañana y tarde observando chicas en un parque de Puebla, hasta que, cuando el reloj marcaba las diecisiete horas, la vio. Era como le habían aconsejado que debía ser: joven, atractiva, voluptuosa, inocente, vulnerable...

La chica se llamaba *Lore* y era originaria de Veracruz. Pedro se acercó a través de un niño ambulante que vendía dulces. Le dio una moneda al niño y le mandó decir a *Lore* que escogiera el dulce que quisiera. Así logró hablar con ella. Cuatro días después, Pedro visitó la casa de los padres de *Lore* para pedirles que la dejaran vivir con él. Sus "tíos", los *padrotes* experimentados, que Pedro había admirado toda su vida, lo acompañaron para deslumbrar a la familia con regalos costosos.

Esto me recuerda lo que hace poco dijo Pedro: "Es más fácil quitarle una hija a unos padres, que quitarle un dulce a un niño". La vulnerabilidad de las familias sumergidas en la pobreza o en circunstancias angustiosas las hace presas fáciles para los tratantes. Los padres de *Lore*, como cientos de padres que caen engañados por estos sujetos, creían que Pedro tenía las mejores intenciones y que realmente le daría un mejor futuro a su hija. Nunca imaginaron que, en realidad, Pedro se la llevaría a Tijuana para venderla como mercancía. Nunca sospecharon que su hija sería cosificada, obligada a prostituirse y violada por más de treinta hombres cada día.

Cuando un *padrote* ya tiene varias chicas trabajando para él, como fue el caso de Pedro, suele incursionar en lugares nuevos. En el caso de Pedro, enganchaba chicas principalmente en Veracruz, en las ciudades de Acayucan, Nizantla, Cuacuazintla, Jalapa, Córdoba, Trapiche de Rosario, Boca del Río, Naranjos y Puerto de Veracruz.

En Tabasco visitó constantemente Macuspana, Huimanguillo, Tenosique y Emiliano Zapata. En Guerrero, Acapulco. En Chiapas, encontraba familias vulnerables en Chiapa de Corzo y Villaflores. En Campeche, Escárcega.

También recorrió muchos pueblitos que están a lo largo de toda la frontera con Guatemala, buscaba centroamericanas, llenas de sueños que pudieran sucumbir fácilmente ante sus mentiras y engaños.

Además, Pedro señala que muchos *padrotes* van también a pueblos de Oaxaca, pero a él nunca le atrajeron estos lugares. Dice que los *padrotes* que operan en Sinaloa, como lo hacía Noé Quetzal *el Osito* Méndez Guzmán, tienen conexiones con carteles de droga que operan y controlan también la trata de personas de varias zonas.

Igualmente, los *padrotes* más experimentados y con redes delictivas más grandes son los que introducen y explotan víctimas en los Estados Unidos. Los *padrotes* presos afirman que existen algunas familias, originarias de Tlaxcala, que han tejido nexos delictivos que llegan hasta Canadá, Europa y Asia.

Después de *Lore* hubo muchas otras. Su última "conquista" quedó inconclusa. Pasó algunos días pretendiendo a una joven de Moroleón, Guanajuato, pero justo cuando a ella la convenció por medio de mensajes y llamadas telefónicas para irse con él, Pedro, en compañía de *Patricia*, fue aprehendido.

Justicia restaurativa

Hagamos una pausa para explicar la *justicia restaurativa*, así como lo que llamo el *círculo virtuoso*; la primera es una teoría que deriva en un movimiento social en que se reconoce que el delito lastima a todos: a la víctima, al victimario y a la comunidad. La maestra Katia Ornelas Núñez, especialista en *justicia restaurativa*, comenta que en Estados Unidos, durante los años setenta del siglo pasado, un grupo de personas comenzaron a cuestionar el sistema tradicional o punitivo, ya que el sistema tradicional se pregunta ¿cuál ley fue violentada?, y ¿qué castigo merece el imputado?, pero no se pregunta qué pasa con la víctima. El sistema se enfoca en la ley y en el castigo, pero no en aquellas personas que fueron agraviadas, no hay algo para protegerlas a ellas. El sistema tradicional se apropia de la voz de la víctima, nunca se le recibe para conocer las necesidades que ha generado la ofensa.

En cambio, la *justicia restaurativa* escucha a las víctimas, las convierte en la pieza central del proceso. De igual forma, se hace un espacio para que el que ofende tenga la oportunidad de participar en una reparación o restauración del daño. Se busca responder de una mejor manera a las necesidades de las víctimas, de los victimarios y las que resultan en las afrentas hacia la comunidad donde estas personas viven. Resuelve de una mejor manera las necesidades resultantes del delito e incluye a todas las personas afectadas en un evento. Tiene principios y valores, no es un programa en específico, es más bien una filosofía. En suma, la *justicia restaurativa* da la oportunidad de hacer algo por las personas, pues permite atender necesidades que la ley no supone.

El criminólogo estadounidense Howard Zehr es considerado el abuelo de la *justicia restaurativa*; en su trabajo destacan tres valores que se han convertido en los sustentos de esta filosofía: respeto, responsabilidad y relación. Los principios son tres:

1. El daño que se cometió genera necesidades (se requiere atender los daños y las necesidades resultantes).
2. El principio de las obligaciones; la persona que ha ocasionado un daño tiene una obligación al respecto.
3. El principio del compromiso e involucramiento; las personas que de alguna forma tienen una relación con la situación tienen que ser parte de la resolución.

En México, la *justicia restaurativa* se emplea en diferentes programas, en centros de mediación y de justicia alternativa. Son avances importantes para alcanzar un sistema más sensible con las víctimas.

Uno de los días que recuerdo con más cariño, fue aquel en el que *Patricia*, después de años de terapias psicológicas, decidió enfrentar sus temores. El juicio penal había sido la última vez que había visto a Pedro.

Aquel día, durante el juicio, la madre de *Patricia* se apareció, pero en lugar de correr a abrazar a su hija se puso del lado de él. La llamó mentirosa, dijo que Pedro era un buen hombre: "Tú eres la mala, *Patricia*, eres mala". A partir de ese momento, cuando la madre de *Patricia*, sumergida todavía en el engaño de Pedro, le daba la espalda, *Patricia* se convirtió en una hija para mí.

Varios años después, *Patricia* se sentía con la fortaleza suficiente para encarar a su victimario. También Pedro me pidió que lo ayudara a pedir perdón a *Patricia*. Fue entonces que comenzamos un proceso de *justicia restaurativa* con los dos.

El encuentro fue una de las experiencias más increíbles que he tenido. *Patricia*, quien ahora estudia la licenciatura en derecho en una universidad privada, pudo decirle a Pedro todo aquello que no había podido durante el juicio. "¿Por qué Pedro? ¿Por qué me hiciste eso?" Pedro no dio excusas, no trató de justificarse. Le dijo a *Patricia* que él antes era una persona que no valoraba a los demás, que había estado equivocada por mucho tiempo y que le pedía perdón. "Antes lo tenía todo, carros, casas, dinero, mujeres, pero no tenía paz", dijo Pedro al recordar los años que explotó sexualmente a *Patricia* y otras mujeres. La conversación continuó. Incluso llegaron a reír juntos, aunque Pedro sabía que era la última vez que la vería.

—Me han quitado un peso de encima—me dijo Pedro cuando terminó el encuentro.

—He cerrado un círculo —me dijo *Patricia*.

En los refugios se hace una dinámica con las víctimas para reconstruir el proyecto de vida, a la que se le llama "el libro de los sueños". En ese libro, usando recortes de revistas, marcadores, colores, pegamento, fotografías, las víctimas nos cuentan cuáles son sus sueños y cómo desean reconstruir su vida. Hace unas semanas, hice la misma dinámica con el grupo de tratantes que visito.

Pedro sueña con ser conferencista. Le dije que soñara con recorrer el mundo siendo el primer ex tratante que imparte conferencias para combatir este delito.

—No, Rosi, no quiero ir a París ni a Londres. Yo quiero ir a las escuelas de los pueblos más humildes para prevenirlas, al pueblo de *Patricia*, y a muchos municipios donde sé que son muy inocentes y vulnerables. Quiero ir a los lugares donde yo enganchaba a las chicas. De verdad, quiero reparar el daño que hice.

La transformación por la que ha pasado Pedro no ha sido sencilla y será hasta que salga de la prisión que podremos ver los resultados, ya que los discursos de los *padrotes*, el ser *bien verbo* (lenguaje usado por ellos) no garantiza su transformación, son camaleónicos y se ajustan bien a las circunstancias, pero tenemos confianza de que el tiempo que estamos invirtiendo cada semana en prisión dará fruto.

Círculo virtuoso

Con el contacto que hemos tenido, al día de hoy con más de 300 víctimas, y a través de un proceso de aprendizaje de dos vías, se ha ido perfilando lo que ahora denomino como el *círculo virtuoso*, el cual creo y, creemos todos los que permanecemos en esta lucha y vivimos de cerca las historias, primero de terror, ahora de éxito, de estos seres humanos preciosos, que el *círculo virtuoso* es un centro que debe guiar, precisamente, la lucha en contra de la esclavitud.

De acuerdo con el Dr. José Luis Ayoub Pérez, especialista en liderazgo, el líder transformador o transformacional busca elevar el nivel de consciencia del seguidor sobre la importancia y valor de alcanzar las metas planteadas y la forma de lograrlo; motivar para que las demás personas vayan más allá de sus expectativas y por encima de sus propios intereses a favor del grupo, de la organización o del país; y a madurar de las necesidades inferiores hacia las superiores y hasta la autorrealización, en la escala de necesidades humanas de Maslow —la teoría indica que se deben poder satisfacer las necesidades primarias, como el hambre, la sed, para así ir subiendo en la escala, *de fisiológicas* a *de seguridad*, de estas a *de amor, afecto y pertenencia*, para pasar a las *de estima* y, finalmente, alcanzar *la autorrealización*—.

En este sentido, el liderazgo transformacional que hemos experimentado debe motivar e inspirar a los demás para que vayan más allá, inclusive, de lo que ellos mismos consideraban posible, incrementa su satisfacción y compromiso y en el proceso desarrolla nuevos líderes. En el liderazgo, el líder debe considerar individualmente, motivar a evolucionar en la escala de necesidades e impulsar a un mejor estado del ser humano. Un líder transformacional debe generar líderes. Las víctimas-supervivientes, como casos de éxito, deben poder transformarse en líderes; para ello, debemos reconocer que en este proceso el centro de atención debe ser la víctima. La tendencia internacional es así: *políticas públicas con un enfoque orientado a las víctimas.*

Ban Ki-Moon, secretario general de las Naciones Unidas, en su discurso conmemorando el 30 de julio de 2014 el Día Mundial contra la Trata de Personas, nos exhortó: *"Abramos los ojos ante este delito y abramos nuestros corazones a las víctimas..."*

Asimismo, en abril de 2015 se celebró en Doha, Qatar, el 13vo. Congreso de las Naciones Unidas sobre Prevención del Delito y Justicia Penal. Sesiones de Alto Nivel, en el que tuve el honor de participar. Este Congreso concluyó con el documento titulado la *Declaración de Doha*, resaltando para estos efectos, la declaración número 5, inciso m), que nos llama a:

> "Aplicar un enfoque orientado a las víctimas para prevenir y combatir todas las formas de trata de personas con fines de explotación, entre ellas la explotación de la prostitución ajena u otras formas de explotación sexual, los trabajos o servicios forzados, la esclavitud o las prácticas análogas a la esclavitud, la servidumbre o la extracción de órganos, cuando proceda (...), y colaborar, según sea necesario, con las organizaciones

regionales, internacionales y de la sociedad civil a fin de superar los obstáculos que puedan impedir que se preste asistencia social o asistencia jurídica a las víctimas de la trata".

De esta forma, el *círculo virtuoso* inicia con la víctima y termina con un ser humano de éxito, empoderado, líder y ejemplo de motivación para los demás. Cuando ponemos a la víctima en el centro de atención, se le apoya, se le da voz, se le empodera —con el debido seguimiento y respaldo profesional que su situación requiere—, se le permite desarrollar sus capacidades, se le impulsa a crecer en la escala de necesidades, para que vaya más allá de sus propias expectativas y hasta su autorrealización.

Entonces, la sociedad "se enterará" que "sí se puede", que "vale la pena" y denunciará —en México, el número gratuito de denuncia del Consejo Ciudadano es el 01 800 5533000—; con lo que estará contribuyendo a este *círculo virtuoso*. Denunciando habrá menos seres humanos en esclavitud.

Cuando se empodera a la superviviente, los demás seres humanos que se encuentran en esclavitud, que se les ha robado toda esperanza, podrán ver, en estos casos de éxito, que sí hay una luz al final del camino, lo que sumará a este *círculo virtuoso*. Como veremos en las historias de *Daniela, Pamela, Rosaura y Neli*, que se presentan aquí, existen personas o autoridades comprometidas y decididas a ayudar, pero la víctima "no se anima" a denunciar.

Y, finalmente, cerrando el *círculo virtuoso*, supervivientes, ahora casos de éxito, líderes, ayudando y empoderando a otras víctimas, a otras sobrevivientes a convertirse en líderes, a autorrealizarse, como es el caso de *Claudia* —en mi libro *Del cielo al infierno en un día*—, quien ahora es una feliz y exitosa madre de dos bellas niñas, estudiante y reconocida activista internacional que está ayudando a reconstruir los sueños de otras sobrevivientes, dándoles valor y siendo un ejemplo de cómo sí es posible sobreponerse y llegar a ser mujeres que ya no sobreviven sino superviven. Claudia ha hablado en el Congreso Norteamericano, en foros por todo México, ante el Papa Francisco, la duquesa de Cornwall, y llevado su mensaje de esperanza a Londres, Roma y el Vaticano.

En este *círculo virtuoso*, su trabajo ha sido trascendental para empoderar a otros seres humanos víctimas de este delito, y para cambiar la percepción de que estas no deben tener voz, asimismo, para establecer de forma contundente que, unidos, podemos luchar y acabar con la trata de personas en México.

Historia de *Daniela*

Cuando Daniela entró a trabajar a una tienda de abarrotes como cajera en Tabasco, nunca se imaginó que ahí conocería a Jaime, quien la obligó a prostituirse.

Aquel hombre entró en la tienda y compró algunas cosas, caminaba por los pasillos y entre los espacios en los estantes veía de reojo a *Daniela*.

Ella siempre fue desconfiada, no sabía cómo reaccionar y continuó con su trabajo hasta el final de su turno, pero al salir, él estaba ahí.

La chica se puso nerviosa y comenzó a caminar cada vez más rápido, pero él la seguía.

"Señorita, señorita", le dijo. Ella se giró y con un ademán preguntó si era ella a quien llamaba.

El joven asintió y dijo: "Señorita, yo me llamo Jaime y soy luchador. Vengo desde Puebla y ando buscando dónde quedarme ¿Usted no sabe de algún lugar?"

Daniela negó con la cabeza, tomaba su bolsa con fuerza y se alejaba poco a poco al no saber cuáles eran las verdaderas intenciones del extraño.

"No le haré daño", prometió el hombre. "Sólo me preguntaba si usted no sabría de algún hotel o ya, en el peor de los casos, un bar o algún lugar para divertirse".

"Sé que por aquellos camiones hay un bar o algo parecido", señaló *Daniela*.

Quien se había identificado como Jaime quiso continuar la plática, ahora invitándola a cenar o a tomar algo. *Daniela* se negó rotundamente, no lo conocía y su necedad la asustó.

"Tengo que regresar a mi casa pronto" y "ya estoy muy cansada", fueron sus excusas; pero él insistía, hasta que ella accedió a que le comprara una botella de agua.

—Ya cuando me estaba subiendo al camión me dice que si nos podíamos volver a ver y yo le dije que lo dudaba, pero días después me fue a buscar a la tienda —relata *Daniela*.

"Sólo vengo a despedirme. Me voy a México, pero me encantaría estar en contacto, ¿podrías darme tu teléfono?",

Jaime le dijo muy galantemente.

Ella desconfió ante esa propuesta e inventó que no tenía celular, pero para él no había problema. Jaime se encaminó a su coche y del asiento de atrás sacó un teléfono móvil de color rosa.

"Sólo es cuestión de comprarle un chip, pero así podemos estar siempre en contacto", dijo al regalárselo.

Ella no lo aceptó y, en esa despedida, creyó que ese extraño había salido de su vida...

Sin embargo, con el tiempo, a *Daniela* le quemó la curiosidad por saber qué había pasado con él, por qué a pesar que se había portado tan insistente, no la había buscado, ni había oído de él.

—Estaba en casa de mi abuelo y le mandé un mensaje diciendo que si se acordaba de mí, rapidísimo me contestó que se alegraba de que yo no me había olvidado.

Pero en aquel tiempo, una tormenta se avecinaba en su vida y Jaime sería su único apoyo y amigo. *Daniela* había descubierto que su mamá salía con otra persona, aún viviendo con su padrastro y, después de ello, *Daniela* perdería su trabajo.

Cuando fue a recoger su liquidación no sabía qué hacer, caminó por las calles aledañas y se sentó en un parque a reflexionar. Ella tenía sueños de seguir estudiando o al menos lograr la independencia económica que la alejara del ambiente en casa y también esperaba tener su propia familia en un futuro.

De repente, su celular comenzó a sonar... era Jaime,

quien estaba cerca y le pidió que lo dejara verla.

—Platicamos como por una hora, le comenté lo de mi mamá y de mi trabajo, yo me sentía muy mal y no tenía con quien contar —confiesa.

"Tengo que regresar a mi casa", le dijo *Daniela*.

"Yo te llevo, es más, me encantaría conocer a tu familia", le contestó.

Es necesario precisar que cuando una joven comienza a salir con algún pretendiente, en nuestro país, se cree que al hacer una presentación o visita a la familia la relación se formaliza. Los *padrotes* han aprovechado esta costumbre para acercarse a los padres y hermanos de sus víctimas y, con ello, tener la posibilidad de amenazar o chantajearlas más tarde.

La historia que Jaime había inventado para *Daniela*, sobre su profesión, le daba la oportunidad de ir y venir cuando quisiera, ya que los supuestos contratos para participar en las luchas lo llevaban a todas partes de la república.

Así que las visitas esporádicas continuaron, inclusive en el festejo de la Independencia, Jaime invitó a *Daniela* a ver el Grito al Palacio Municipal.

Aquel día, Jaime daría el gran paso: "*Daniela*, tú me gustas mucho y me encantaría que tú y yo comenzáramos una relación", le dijo, mientras le acariciaba tiernamente la mano de *Daniela* dentro del coche.

Ella se sobresaltó, pero no le dijo nada, sólo quitó su mano y se despidió amablemente.

Días después, regresó para invitarla a comer, porque tenía algo muy importante que decirle.

—Ese día me pidió matrimonio. ¡No teníamos más

47

de dos meses de conocernos! Me le quedo viendo y le digo "No inventes Jaime". A mí ni siquiera me gustaba, además, en aquel entonces yo estaba saliendo con un chico de por mi casa —cuenta *Daniela*.

"Conmigo vas a tener todo, soy un buen tipo", le prometió.

Ante la reacción de *Daniela*, él le recordó los problemas que sufría en su casa y le ofreció una salida.

"Estando conmigo ya no tendrás que soportar esas cosas, vente a vivir conmigo", le decía.

Daniela, incómoda, le dijo que no sería posible, porque además ella había planeado irse a Cancún.

—Yo no le había contado a nadie sobre mi plan, inclusive, después cuando le dije a mi mamá que ese fin de semana me iba a Cancún, sólo me dijo "que te vaya bien", y a mí eso me dolió muchísimo. ¡Como si no le importara a dónde iba o qué hacía! —cuenta, llena de tristeza.

En la terminal, ella pensó que huir era la mejor opción y esperaba encontrar un buen trabajo y una vida mejor lejos de casa y al llegar, y a pesar de que no confiaba en Jaime, decidió mandarle su nuevo número, así que el contacto continuó.

Recurrentemente él quedaba en visitarla, pero siempre hubo algún pretexto para que no se cumpliera esa promesa: las luchas, su mamá o papá, el trabajo...

A las semanas, decidió aceptar ser sólo su novia, pero no quería tener un noviazgo únicamente por teléfono y, después de tres meses de esa "relación", Jaime le diría que ya no aguantaba estar solo, que la necesitaba cerca. La insistencia fue tal, que ella por fin accedió.

—Él me compró mi boleto de avión a Puebla y mi prima, con quien yo vivía allá en Cancún, me acompañó al aeropuerto —explica *Daniela*.

Ella había esperado ese momento en el que vería a Jaime y lo abrazaría. Durante los últimos meses, el peso de la soledad que traía consigo, el estar lejos de casa, había disminuido la reticencia por esas pláticas telefónicas entre ambos.

Sin embargo, al aterrizar en Puebla, se encontró con una desagradable sorpresa: Jaime no estaba y sólo la esperaban dos mujeres.

"¿Tú eres *Daniela*?", le preguntó la más joven, quien sostenía un globo azul.

—Les dije que sí y pregunté por Jaime, pero sólo me pudieron decir que tuvo un imprevisto y que no pudo recogerme.

Daniela, la hermana y la madre de Jaime viajarían por más de una hora en automóvil, pero en el trayecto la invadía un mal presentimiento.

Al llegar, se detuvieron frente a una iglesia para saludar a Jaime.

—Cuando lo vi me dio mucho gusto, se disculpó conmigo por no haber ido al aeropuerto y corrió a tomarme de la mano.

"Ahorita tengo que atender unas cosas, pero vete con mi mamá y mi hermana, descansa y te pones a hacer lo que quieras", le decía a *Daniela*, mientras le quitaba un mechón de cabello del rostro, cariñosamente.

"Y usted, ¡no la vaya a poner a hacer nada!", le indicó

a su mamá.

Al despedirse, acordó de ver a *Daniela* al día siguiente, en la casa a la que la llevarían.

—Cuando llegamos, su mamá me llevó al cuarto de Jaime y me dio todo lo necesario para dormir y, después, me quedé dormida.

Cuando *Daniela* despertó, no tenía idea de que esas cuatro paredes serían su pequeña prisión.

—Yo quise bajar pero cuando me vio su mamá, me gritó: "¿Por qué te bajaste?"

"Te dijo Jaime que te vería hasta en la tarde", completó la mamá.

Daniela permaneció en la espera de Jaime por tres días. Cuando por fin lo vio, él siempre encontraba una excusa para todas las preguntas que ella le hacía y cambiaba de tema, invitándole una malteada o un té.

"Estás un poco subidita de peso, ¡tómate esto!", le decía.

Después de una semana, las sospechas de que algo malo pasaría sobrecogían a *Daniela*.

—Vivíamos como pareja pero no teníamos relaciones, porque él me decía que las luchas lo desgastaban y que siempre se sentía muy cansado, pero yo nunca vi la máscara de sus mentiras, ni nada —relata.

Tras la convivencia, la distancia se acortó, entonces acordaron no tener bebés pronto y que Jaime se encargaría de comprar pastillas anticonceptivas, pero siempre se le "olvidaban".

Al mes de vivir su "historia de amor", *Daniela* recibe una llamada en su antiguo celular... era su tío, quien vivía en

Estados Unidos y quien siempre estuvo pendiente de ella.

—Sólo pude saludarlo, porque se acabó mi crédito y se cortó la llamada, y pues se me ocurrió decirle a Jaime que si podíamos regresarle la llamada de su teléfono.

"¡No!", le gritó. "No quiero que te la pases hablando con tus amigos y me dejes", completó.

—Se puso frente a mí, yo estaba acostada y me dijo que me parara. Cuando lo hice me dio un golpe tan fuerte que caí sobre la cama. ¡Yo no sabía por qué me pegaba! Y cuando le pregunté, me dijo que por berrinchuda —cuenta *Daniela*, sorprendida y llena de indignación.

"¿Tú crees que vas a venir a cambiar las cosas? ¡Aquí se hacen sólo como yo digo!", le gritó.

El miedo silenció a *Daniela*, mientras Jaime continuaba agrediéndola, le tiraba de sus cabellos y en una ocasión le golpeó la cara hasta marcársela y romperle una vena de ojo.

—Habíamos planeado ver a mi familia, pero yo no podía presentarme así con toda la cara hinchada y mi ojo lleno de sangre —cuenta *Daniela* cabizbaja.

Después de aquel incidente, ella le planteó a Jaime que ese trato no le agradaba, que no quería estar con él de esa manera, a lo que respondía: "¡Vete!" pero en seguida, le quitó su celular, su dinero y la encerró en su cuarto.

—La familia de Jaime no me defendía, ni hacía nada cuando me pegaba. Era él quien mandaba en la casa, trataba a su mamá como si fuera su sirvienta y desde el día que me pegó, yo no decía nada. Le tenía mucho miedo, no me dejaba salir para nada.

El infierno que atraviesan las víctimas de trata se fundamenta en el terror a sus agresores y en la falta de oportunidades y acceso a redes de apoyo o familiares. A su vez, el aislamiento y la incomunicación con la familia generan mayor estrés y ansiedad en las víctimas.

—En Navidad, yo le dije que quería hablar con mi mamá, pero me dijo que más tarde o al día siguiente. Cuando por fin me dio la oportunidad, me dijo que no le fuera a decir nada, se sentó al lado mío y, pues así, le tuve que inventar que todo iba bien —relata con un nudo en la garganta.

Enseñanzas

La fría noche velaba el sueño de *Daniela*. Eran las cuatro de la madrugada cuando Jaime la despertaría bruscamente para decirle que se iban "pa' México".

"Agarra tus cosas porque ya nos vamos", le dijo en un tono golpeado.

Ella, al cuestionarle la hora y la urgencia del viaje, contestó: "No preguntes" y le dio instrucciones.

—Su primo nos estaba esperando. Nos subimos a una camioneta y viajamos como por tres horas. A mí se me hizo muy largo el viaje. Ya en México, llegamos a un edificio donde dormimos un rato —cuenta.

"Párate y báñate porque vamos a salir. Vas a ir con la esposa de mi amigo y le vas a decir que te enseñe cómo vestirte, maquillarte y trabajar", le gritó al despertar.

Daniela no entendía nada: ¿Trabajar? ¿En qué? ¿Por qué tenía que vestirse de una manera especial en ese trabajo? "¿Quieres que te compre tu casa? ¡Tienes que trabajar!", le decía.

"Me vas a apoyar trabajando como sexoservidora, vas a estar parada en la calle, van a pasar hombres en sus coches y te van a preguntar cuánto cobras para irte con ellos", le explicó. —Yo me espanté muchísimo ¡Me tenía que acostar con otros hombres! Antes yo me preguntaba que cómo había gente que trabajara de eso cuando se puede buscar un trabajo decente, pero no entendía que muchas estaban en la misma situación que yo —cuenta triste y cabizbaja.

Ante la negativa de *Daniela*, Jaime le recordó que él sabía dónde vive su familia y que mejor se fuera por las buenas. Ella comenzó a llorar, no sabía qué hacer y moría de miedo, no quería que le volviera a pegar, ni que les hicieran nada a sus hermanos o a su madre, como amenazaba.

Cuando llegó con quien le enseñaría ese trabajo, *Daniela* aún lloraba desconsolada.

"¿Por qué lloras?", le dijo aquella mujer llamada Larisa. "Es que nunca he hecho esto y no lo quiero hacer", contestó.

"Mira nena, yo llevo dos años en este asunto y verás, con el tiempo te acostumbras. Yo también soy de Tabasco y cuando me trajeron tenía 18. ¿Tú cuántos años tienes?"

"Acabo de cumplir 22 y ¡no pienso acostumbrarme, no quiero, ni puedo hacer esto que me pide!", le dijo *Daniela* alterada.

"Sí mi linda, pero por los hombres una hace cualquier cosa ¡Mira maquíllate así y ponte este vestido!", le ordenó.

Cuando *Daniela* tomó el vestido quedó paralizada: "Es muy corto, yo nunca he usado algo así", le dijo mientras se lo regresaba torpemente. "Entonces... ¿Cómo quieres vender?", le contestó de mal modo.

Pero *Daniela* NO QUERÍA "VENDER" y al parecer nadie entendía eso; se negaba rotundamente a ser sexo servidora.

Daniela escuchó las amenazas de Jaime en su cabeza, cerró los ojos y se imaginó las terribles cosas que era capaz de hacerle a ella y a su familia.

Guardó silencio por un momento y accedió a lo que su "maestra" le decía... y así, comenzó su primer día siendo explotada sexualmente, el cual parecía como la escena de una novela cruel.

El tiempo pasaba muy lento, había momentos que no dejaba de llorar y, por ello, pocos hombres se le acercaban.

—Cobraba 170 pesos por quince minutos, cien pesos eran para mí y setenta para el hotel. Ese día sólo tuve tres servicios y Jaime se enojó muchísimo, me gritó y me amenazó con regresarme a mi casa y decirle a mi familia que era una prostituta —relata *Daniela*.

Después de trabajar en La Merced, Jaime y su "mentora" (también compañera de trabajo y centinela), la llevaron al Viaducto, donde otros grupos criminales advertían sobre operativos en los que habían "agarrado" a varias "madrotas".

—La dinámica ahí era distinta, tenía que cobrar quinientos pesos por media hora, más doscientos cincuenta del hotel. El desnudo era sólo de la cintura para abajo y si era completo, pues tenía que cobrar diferente —explica *Daniela*.

En Viaducto ganaría durante su primer día, mil quinientos pesos, pero para Jaime no eran suficientes; conforme pasó el tiempo, él le pediría una cuota por cumplir cada día y un turno que cubrir en la Merced y otro en Viaducto.

54

En aquella cárcel sin rejas, Larisa la vigilaba todo el tiempo, y todo paso en falso le costaba una paliza o regaños de parte de Jaime.

—Un día, Larisa y yo estábamos listas para que pasaran por nosotras, cuando recibo una llamada de mi prima con quien vivía en Cancún, me fui a otro lado para que no me cacharan y me pregunta que por qué me escuchaba rara, que cómo estaba y pues le confieso que ya no quiero estar con ese tipo, que me tenía trabajando en algo que no me gustaba y que yo ya quería regresarme —cuenta *Daniela*. "No te preocupes, yo te voy a ayudar", le dijo su prima. "Te voy a mandar el boleto para que te vengas a Cancún, acá NO te puede encontrar", complementó.

Pero Larisa escuchó todo y la delató con Jaime.

"Mira, *Daniela*, tú me caes muy bien, pero escuché todo lo que decías y a mí me dio mucho miedo porque estás bajo mi cuidado, si te llega a pasar algo, no sabes a mí cómo me va a ir. Ya viene para acá Jaime. ¡Perdóname!, pero no puedo hacer otra cosa, así como a ti te tienen amenazada con tu familia, a mí me tienen igual. ¡No vayas a decir que yo te advertí que venían para acá! ¡Haz como que no sabes nada!", le confesó.

Cuando Jaime llegó, este le arrebató de mal modo su teléfono y le preguntó con quien estuvo hablando. *Daniela* se moría de miedo y negó todo, esperaba lo peor: en su cabeza pensó que ese día moriría, que jamás volvería ver a su familia y aquella ayuda que le ofrecía su prima se desvanecía entre la niebla.

"Hoy no vas a trabajar, te la vas a pasar bien conmigo", le dijo Jaime.

—Yo no entendía por qué ese cambio de actitud, pero platicando después con Larisa me enteraría que sus amigos lo habían convencido de no matarme. Su primera intención era llevarme lejos y asesinarme a golpes ¡A golpes! Después de aquel incidente me mantuvo más vigilada, para que no lo intentara otra vez.

Voz silenciosa

Después de unos meses, Jaime optó por llevar a *Daniela* con su familia por un tiempo para evitar que hiciera "tonterías".

—Jaime me dejó sola con mi familia y yo tenía muchas ganas de decirles lo que estaba pasando pero tenía miedo. Incluso mi mamá me preguntaba que por qué me había ido a México, que cómo me trataba su familia, pero yo no pude decir nada.

A su regreso al "trabajo", Larisa comenzó a acercársele cada vez más y así, ambas se protegían y platicaban.

—Me fue agarrando confianza y empezó a contarme muchas cosas. Gracias a ella me enteré que antes de mí, Jaime también tenía trabajando a otra chica y que la trataba peor ¡No me imagino cómo era eso! Y que tenía otras chicas en Tijuana, Ciudad Juárez y Estados Unidos, pero lo que más me dolió fue saber que él tenía una hija.

Con el tiempo, *Daniela* fue abriendo los ojos, se enteró que también salía con alguien más, y de esa manera, decidió alejarse de esa vida.

—En el hotel en el que trabajábamos había un chico que vendía perfumes, chamarras, cosméticos, y Larisa, él y yo nos empezamos a hacer amigos, entonces le pregunté si él podría guardarme dinero.

"No me quiero meter en broncas, yo sé cómo son los *padrotes* y no son nada amigables, no creo que se vayan a quedar con los brazos cruzados", le dijo.

Tras las súplicas de *Daniela*, él accedió y ella le fue dando dinero hasta completar la cantidad necesaria para que le comprara el boleto de regreso a Tabasco.

—Me compró mi boleto para el próximo fin de semana, justo cuando yo sabía que Jaime se iba a ir. Fui a comprar una maleta y la escondí debajo de unas escaleras para que no la viera Larisa. Esa tarde comimos juntas y todavía me preguntó si quería dormirme en su cuarto, porque a ella no le gustaba dormir sola, pero le inventé que había posibilidades de que llegara Jaime en la madrugada.

Daniela continúo con su rutina, se metió a bañar y se vistió de pijama, con el fin de que Larisa no sospechara nada. Encendió la radio y le subió al volumen, aseguró el cuarto y empezó a empacar, cuando terminó eran las dos de la mañana y prefirió no dormir.

El nerviosismo le impedía bajar la guardia, cualquier ruido de algún automóvil lo confundía con la llegada de Jaime, así que permaneció sentada en la cama, esperando lo peor.

El reloj marcó las cuatro de la madrugada: ya era hora de partir.

—Me cambié de ropa, agarré las maletas, tomé un taxi y le pedí que me llevara a la terminal. Al llegar eran como veinte para las seis y tenía que esperar hasta las ocho. Veía por todos lados con miedo de que Jaime me encontrara y cuando subí al camión, decidí marcarle a Larisa —cuenta nerviosa.

"¿No te desperté?", le preguntó a su amiga.

"No, de hecho te iba a buscar a tu cuarto, ¿ya no estás, verdad?", le contestó angustiada.

"Ya me voy, Larisa, no puedo seguir con esa vida. Estoy harta, sólo nos están viendo la cara de tontas, nos quitan el dinero y ellos lo disfrutan con otras. ¿A poco no te has dado cuenta, que tienen a otras? Tú que estás más tiempo sola, deberías irte", le dijo *Daniela*.

En el trayecto, los mensajes de Jaime la aturdían, las disculpas y las promesas falsas de siempre.

—Cuando llegué a mi casa, no estaba mi mamá, pero sí mi tía, y a ella le conté que Jaime tenía otra mujer.

Su padrastro se enteró de la infidelidad y le aseguró que en casa tenía toda la protección que necesitaba; sin embargo, no esperaba que Jaime la fuera a buscar esa misma noche.

"¿Puedo hablar contigo? Sal, por favor", le suplicó.

—Mi autoestima estaba completamente destruida. No quería ni vivir, por eso accedí. Nos fuimos como a un corredor y ahí se hincó, me juró y perjuró que todo iba a cambiar, que yo ya no tendría que trabajar y que nos casaríamos para tener hijos. Me dijo tantas cosas que yo le volví a creer. Esa noche nos fuimos a un hotel de Tabasco y nos quedamos a dormir. Después de una semana nos regresamos a Tlaxcala y, de verdad, yo creía que cumpliría su promesa, hasta que llegamos a México —relata con un nudo en la garganta y llena de impotencia. "Te tengo una sorpresa", le dijo Jaime.

"Para que veas que todo va en serio conmigo, te ofrezco un departamento. Todavía está a mi nombre y lo vamos a cambiar, no te preocupes pero... quiero que me ayudes, quiero darte lo mejor, pero necesito que regreses a trabajar unos dos meses, tengo unas deudas", complementó.

—Él me había prometido que ya no trabajaría en eso, pero en ese momento pensé que me iba a golpear, si ya lo había hecho antes, lo podría volver a hacer. Le advertí que sólo serían dos meses y si no era así, yo me iría a un lugar donde no volvería a saber más de mí —cuenta.

Después de dos semanas, la constante desconfianza de *Daniela* sobre infidelidades provocaba riñas que terminaban en golpizas y malos tratos.

"¿Cuánto sacaste?", le reclamó la última vez.

"Tres mil pesos", le contestó *Daniela*.

—Se enojó mucho. Me empezó a golpear y decirme que hago puras estupideces, que no sabía por qué había ido por mí si no servía para nada. Esa noche me golpeó hasta que se cansó, al final me pidió de nuevo perdón — relata.

Finalmente, aquellos golpes rompieron algo más que su nariz.

—Al siguiente día, en la tarde, me dejó en la estación del metro Viaducto y de ahí tenía que caminar todavía un poco. Enfrente hay un Seven Eleven y cuando pasaba por ahí había un policía que siempre me preguntaba que cómo estaba y que si se me ofrecía algo él me podía ayudar—explica.

"Tú no estás bien, mira cómo tienes la cara", le dijo en esa ocasión.

El silencio de *Daniela* terminó.

"¿Cómo puedo demandar a una persona?", le dijo *Daniela* con los ojos llenos de lágrimas, pero con un empuje por dentro que decía ¡YA BASTA!

"Yo sabía que había alguien detrás de ti, deja le llamo a mi comandante", aseguró el oficial.

—Cuando llegó el apoyo, me subí a la patrulla y les empecé a contar todo, me pidieron que le marcara a Jaime y que lo detenían enseguida, pero yo sabía que iba a sospechar algo raro. Así que esperamos.

Todas las noches, antes de que Jaime pasara por ella, le marcaba para preguntarle si se le antojaba algo especial para comer... aquella vez, no lo haría.

—Decidí marcarle yo. Le dije que ya llevaba como cuatro mil pesos, que se apurara a pasar por mí y que lo veía enfrente del hotel.

El comandante alistaría a sus tropas y le pediría que ella esperara con un compañero.

A las dos de la mañana, Jaime sin esperarse la emboscada estacionó su coche, mientras que *Daniela*, desde lejos, lo identificaría como tratante de personas. El daño estaba hecho y tras un proceso judicial y con más de tres días sin dormir, ni comer, *Daniela* abandonó esa vida.

Después de ello, un representante de la Fundación la llevaría por sus cosas y a un nuevo hogar. Dos meses después, *Daniela* pudo contactar a su familia.

—Mi mamá me preguntó que cómo estaba, que tenía mucho tiempo sin saber nada de mí y me preguntaron por Jaime, pero yo le dije que él estaba en la cárcel cumpliendo una sentencia de once años y buscando la manera de pagar la multa de cuatro millones ochocientos pesos. Le conté todo y ella no se explicaba cómo nunca les dije nada, y es que en realidad muchas no entienden por qué no nos escapamos antes o por qué regresamos, pero no entienden el efecto tan grave de las amenazas y golpes, pero sobre todo la falta de apoyo de una sociedad indiferente.

Daniela recibió todo el apoyo de su familia y agradece todo el apoyo que le han brindado.

Actualmente, estudia la carrera de enfermería con el apoyo de una segunda organización de la sociedad civil, la Comisión Unidos *vs.* Trata, la cual les brinda la posibilidad de reintegrarse a la sociedad.

—Quiero ser enfermera porque yo voy a hacer la diferencia en un hospital —asevera *Daniela*, al recordar aquellas veces donde fue llevada a alguna institución tras sufrir golpizas de Jaime y en las cuales se le trataba como si "se hubiera caído"—. Yo sí voy a ayudar a mujeres que han sido tratadas como esclavas sexuales y espero que mi historia sirva para que no les pase a otras niñas, como a mí me pasó —concluye.

Capítulo II

▶ ◀

Por la violencia de género y el machismo

A lo largo de la historia, la sociedad ha hecho diferencias entre las mujeres y los hombres que van desde tratos diversificados, hasta profesiones o trabajos exclusivos para cada género y proyectos de vida "bien o mal" vistos por todos.

Desgraciadamente, todo eso ha generado la desigualdad de oportunidades que imposibilitan —o dificultan— a las mujeres a acceder a una vida digna, con independencia y libertad, sin violencia.

Y cuando hablamos de vida digna y bienestar, no sólo nos referimos a tener un ingreso económico, sino también el acceso a una educación de calidad, espacios de diversión, empleo decente, servicios de salud y condiciones de vivienda adecuadas para las necesidades de cada persona.

Pero cuando decimos libre de violencia, nos referimos no sólo al hecho de sufrir golpes, empujones o malos tratos, sino de toda conducta o acción que por ser mujeres nos cause daño o sufrimiento físico, sexual o psicológico o hasta la muerte (tanto en casa como en el trabajo o la calle).

¿Qué quiere decir esto? Que todo tipo de miradas, palabras, insultos, gestos, amenazas, discriminación, críticas o descalificaciones que dañen o hagan sufrir a una mujer de cualquier edad, es violencia de género.

Desgraciadamente, existen algunos tipos de violencia que pasan desapercibidos porque la sociedad se ha encargado de hacerlos ver como algo natural y los justifica, por ejemplo, en la Encuesta Nacional sobre la Discriminación (ENADIS), un porcentaje considerable de jóvenes varones de 14 a 17 años justifica golpear a una mujer por infidelidad.

También esta encuesta demuestra que existen porcentajes importantes de mujeres que no tienen total autonomía para realizar actividades sociales y económicas: entre 24 y 44.9% piden permiso a su pareja o algún familiar para hacer gastos cotidianos, visitar familiares o amistades, salir solas de día o de noche.

Y los datos arrojados ratifican la sobrecarga de trabajo de las mujeres con la llamada "doble jornada", porque a pesar de que trabajan recaen en ellas las tareas domésticas.

En Tlaxcala, como ya señalamos, la Encuesta Nacional sobre la Dinámica de las Relaciones en los Hogares (Endireh) de 2011, revela que 25% de las mujeres mayores de 15 años han sufrido violencia por parte de su pareja, 30% algún tipo de violencia comunitaria —intimidaciones y/o abuso sexual— y 52% discriminación laboral en el último año.

Muchos de los actos violentos hacia la mujer en la dinámica de pareja, en el hogar, trabajo, escuela, comunidad, son vistos como "normales"; sin embargo, esta condición social ha permitido que delitos tan graves como la trata de mujeres y niñas, así como la explotación sexual, continúen.

Y aunque las víctimas de trata de personas no sean únicamente mujeres, sí las afecta mucho más que a los hombres ya que representan un mayor número de víctimas y las formas de explotación son más severas debido al concepto que tiene la sociedad de la mujer.

De acuerdo con varias investigaciones, la explotación sexual se encuentra casi en la cúspide de violencia hacia las mujeres y la dominación masculina —seguida del feminicidio—, ya que conjuga desde mecanismos de control psicológico y físico del *padrote* hacia la víctima, hasta la consideración del cuerpo femenino como objeto y mercancía.

En la investigación *Trata de mujeres en Tlaxcala*, coordinada por Patricia Olamendi, se concluye que estos crímenes se basan en diferencias sexuales y son reforzados "por una construcción social que fomenta, invisibiliza y justifica la discriminación y la violencia hacia las mujeres".

Asimismo, se considera como "una modalidad contemporánea de esclavitud y una forma extrema de violencia que atenta contra los derechos humanos fundamentales de las mujeres", se asevera en dicha investigación.

De tal manera que todos los elementos de este delito tienen cierto amparo social y en una dinámica que la familia inculca, el *padrote* y los clientes de la prostitución y explotación sexual ejercen y la sociedad y el gobierno refuerzan.

Raíces

Múltiples estudios y encuestas han comprobado que la violencia nace en la dinámica familiar y que genera actitudes y comportamientos reproducidos entre los demás integrantes del núcleo.

Las pequeñas y pequeños que observaron cómo sus padres les gritaban, golpeaban o desacreditaban a sus mamás comienzan a imitarlos entre hermanos y hermanas, después entre compañeros y compañeras de escuela o trabajo hasta en la pareja en un futuro.

Así, las mujeres creen que si su pareja les grita, las critica o las limita en cómo utilizar su dinero, vestirse, hablar, pensar, es correcto; mientras que los hombres consideran que de esa manera se debe tratar a las mujeres.

De acuerdo con varios estudios, las víctimas de violencia doméstica y trata de personas tienen características similares, ya que la dependencia emocional que forman ante su agresor es muy parecida.

En la historia de *Pamela* que se narra a continuación, el conocimiento sobre sus sueños, situación familiar y aspiraciones ayudó a Manuel a ejercer un control emocional y psicológico más allá de las golpizas, y esa situación se repite en muchos de los casos.

Muchas veces los agresores —esposos o pareja en la violencia doméstica y explotadores en la trata— imponen su forma de pensar a las víctimas, lo cual asegura que ellas consideren como "natural" lo que están viviendo.

Asimismo, muchas jóvenes y niñas huyen de la violencia en su casa, siendo presas fáciles para las redes de trata.

Además, la violencia siempre tendrá consecuencias en menor o mayor grado iguales: moretones, rupturas de huesos, desgarres, pero de forma menos visible, fatiga, dolores de cabeza, estrés postraumático e insomnio; e incluso, en algunas ocasiones la muerte, ya que se ha comprobado la existencia de una relación perversa entre el crecimiento en los índices del feminicidio con los focos rojos y lugares con altos índices de explotación sexual.

Bisagra

La figura del *padrote*, como el hombre que comercializa mujeres y las ofrece para satisfacer la "demanda del mercado", conjuga muchos rasgos de la dominación masculina, desde la concepción del cuerpo femenino como una propiedad y mercancía hasta la violencia física, psicológica y económica para mantenerlas a su lado.

Óscar Montiel en su libro explica que uno de los pasos más importantes en el *modus operandi* de los *padrotes* es convencer a las mujeres de comercializar su cuerpo, algunas veces se logra y otras son obligadas; sin embargo, cualquiera de los dos caminos incluye mecanismos violentos.

Los *padrotes* que enseñaron a Pedro eran expertos en el *verbo*, no usaban la violencia, eran de los que se consideraban de abolengo, verdaderos maestros de la manipulación. Ellos dicen que son los *padrotes* jóvenes e inexpertos los que usan la violencia, los que han provocado que salgan a la luz, en medios, tantos casos que han puesto los ojos del mundo en Tlaxcala.

En el primer caso, la mujer es desvalorizada, a quien, carente de estudios y profesión, se le hace creer que la prostitución es la única opción para salir adelante y, por lo tanto, que su cuerpo puede ser vendido. Aunado a ello, en muchos de los casos, ellos enamoran a sus víctimas, lo que facilita el poder y la dominación emocional sobre ellas.

Montiel asevera que el enamoramiento es un mecanismo muy usado por los *padrotes* tlaxcaltecas para mantener bajo su dominio a las mujeres: "Ellos no se enamoran de ellas, por el contrario, ellas sí lo hacen, pero mientras que para la mujer es una relación afectiva, para el *padrote* es una relación de explotación".

Incluso, en las entrevistas que realicé con los *padrotes* encarcelados escuché la expresión: "Debes matar el sentimiento", lo cual se le dice al aprendiz para evitar que también se enamore. En la investigación *La merced: Pobreza, vulnerabilidad y comercio sexual*, elaborada por la Asociación para el Desarrollo Integral, A. C., se encontró que de las mujeres en situación de prostitución entrevistadas, el 54% señala haberse iniciado en el trabajo sexual entre los 15 y 21 años mediante amenazas o engaños de su pareja, y el 32% ser originaria de los estados de Puebla y Tlaxcala.

Mientras que en el segundo caso, a través de golpes y amenazas de quien físicamente es más fuerte, se crea una condición de temor y miedo a ser maltratada y asesinada.

Tanto peca quien mata la vaca...

Los estudios sobre el tema han comprobado que además de la vulnerabilidad de las víctimas de trata de personas, existe una demanda en el sector sexual por parte de los hombres, que debido al concepto de la sexualidad femenina y la noción de masculinidad, relacionada con la violencia y discriminación hacia la mujer, permite el consumo.

Inclusive, la Comisión Unidos *vs.* Trata, A. C. y la Fundación Reintegra US, en su experiencia y contacto con varias víctimas que apoyan, aseveran que el reconocimiento de la mujer como un objeto sexual y la posibilidad social de adquirir servicios sexuales a cambio de dinero, son factores que perpetúan la explotación de la prostitución ajena.

Todos debemos ser respetuosos cuando una mujer o un hombre deciden ejercer la prostitución; ni siquiera juzgarlos desde un punto de vista moral o religioso. En lo que no coincido, es que se use la creencia de alguien para justificar un aparente conservadurismo hacia lo que se ha considerado como el "oficio más antiguo del mundo", cuando de lo que estamos hablando es que ese "oficio", el más peligroso del mundo, se practica en la mayoría de los casos por obligación o bajo un consentimiento viciado y con consecuencias mortales para quien desea salir de esa red. Y por cierto, el "oficio más antiguo" es el de partera.

Un ejemplo de esta forma de violencia y discriminación la podremos entender en la historia de *Pamela*, quien fue hija y sobrina de *padrotes* y víctima de violencia desde su

71

hogar. Fue enganchada en un poblado cercano a Tenancingo, por quien a través de promesas falsas, hizo que ejerciera la prostitución en Morelos, Puebla, Oaxaca y Texas.

&Historia de *Pamela*∞

La madre de Pamela abandonó a su esposo y dejó a su hija en manos de la abuela.

De pequeña, *Pamela* no entendía por qué se había ido su mamá, ni mucho menos por qué no podía tener una familia amorosa y unida, a pesar de que en ocasiones, su abuela le comentaba que su padre y tío habían sido *padrotes*.

—Yo no sabía cuál era el significado de esa palabra, pero me imaginaba que era algo muy feo porque me llegó a platicar cómo le llevaban muchachas a la casa, y ella, al verlas sufrir por tanto golpe y maltrato, las ayudaba escapar.

Cuando cumplió 16 años se fue a vivir con su papá, pero como él ahora estaba casado, la dinámica familiar se basaba en riñas, regaños y prohibiciones.

—Muchas veces por eso me escapaba de la casa con mis amigos. Me iba a escondidas a fiestas.

Sin embargo, en una de esas "aventuras" y travesuras inocentes, conocería a Manuel.

Él tenía 32 años y fue muy cautivador con *Pamela*, le comentó que acababa de regresar de Estados Unidos y que se dedicaba a la compra-venta de autos.

Desde el comienzo, ella creyó todas sus mentiras y era totalmente honesta al platicarle de sus planes, sueños y, sobre todo, de los problemas que tenía con su padre. Aquellas riñas, un día, llegarían al extremo: su papá la corrió de casa y le advirtió que no la quería volver a ver.

Pamela, vulnerable y sin salida, no sabía qué hacer. Cada prenda y artefacto que empacaba le recordaba que no tenía otro lugar a donde ir y no podía trabajar, pues ni siquiera había terminado la secundaria. Al platicarle a Manuel, él le ofreció su casa, pero ella no sabía lo que ese acto de "amabilidad" implicaba.

Después de esa decisión conocería el infierno en vida, sería violentada día con día de quien menos lo esperaba: por aquel hombre que le prometió días de felicidad y gozo y, sobre todo, lo que ella más anhelaba: una familia.

A la semana de vivir con Manuel, él la golpeó borracho y, después, esa conducta se volvería el pan de cada día, no importando la hora, ni la situación. Aquello provocó que *Pamela* le tuviera un miedo enorme, temía de lo que podía decir y de lo que podía callar, de los errores que podría cometer ante él sin saber si estaba bien o mal.

—Una vez, me llevó a una fiesta en casa de sus papás. No le importó que sus hermanos, tíos, primos, padres... vieran cómo me agarraba de los cabellos y me arrastraba por el piso. Me gritaba: "Lárgate" y yo accedía, yo quería escapar, pero cada vez que me arrimaba a la puerta me regresaba a golpes —cuenta *Pamela* angustiada, apretando sus manos fuertemente.

—Llegó un momento que lo dejé de intentar —confiesa tristemente.

En muchos de los casos se sabe que las familias de los victimarios fungen como red delictiva y cómplices, al vigilar, aislar e incomunicar a las víctimas, y a su vez, cuidan a sus hijos mientras ellas trabajan y son extorsionadas por los tratantes. Al mismo tiempo hay padres y madres que tienen conocimiento de las actividades delictivas de sus hijos pero sólo lo toleran, no participan pero tampoco denuncian ni apoyan a las víctimas.

Después de dos semanas, Manuel llegó preocupado a casa: tenía que pagar unas tandas y no encontraba la manera de pagarlas.

"La chamba es sencilla y ganan mucho dinero. En menos de un año las chicas han ahorrado para comprarse su casa y coche" —le propuso. "Piénsalo. Imagínate que pudiéramos comprar todo lo que hemos soñado" —le dijo.

Aquella noche, *Pamela* pensó en todas las necesidades económicas que había tenido en su vida, recordó cuando ella vivía con su abuela y después los problemas que siempre tenía con su papá. Si aquella promesa fuese real, ella creía que podría salir de la pobreza y además, trabajar en ello no requería de ningún estudio.

En dos segundos aceptaba convencida y dos segundos después, imaginó de inmediato lo que tenía que hacer: COMPARTIR SU INTIMIDAD CON EXTRAÑOS y la piel se le erizaba ante esa idea.

Ella se negó rotundamente, pero su palabra fue ignorada.

A la semana siguiente de la solicitud, Manuel la instruyó como trabajadora sexual, le comentó cuánto tenía que cobrar, qué tenía que hacer y le compró su ropa de trabajo, que constaba de vestidos cortos, ajustados y escotados.

Ya no fue una propuesta, esta vez fue una orden.

Pamela murió de miedo. No quiso que ante su negativa fuera salvajemente golpeada como en otras ocasiones.

Cuando llegaron a una cantina en Morelos —donde ella trabajaría primero— le prometió que él la cuidaría, que sería sólo un tiempo y que no le pasaría nada malo; pero al mismo tiempo, la amenazó de que no hablara con nadie, que las autoridades en ese estado los protegían y que si alguien le preguntaba si acaso ella tenía *padrote*, dijera que una amiga la trajo y que está ahí por su propia voluntad; además, debía aprenderse bien los datos de su hermana, ya que al ser menor de edad tendría que hacerse pasar por ella.

El primer día, *Pamela* estaba muy asustada. A su alrededor había muchas chicas vestidas como ella, con miedo como ella, pero todas con una tristeza silenciada con golpes y malos tratos. El corazón le latía muy fuerte, no quería ser tocada por ningún hombre.

—Cuando llegó el turno de "ocuparme" con un señor, traté de no pensar. Sentía muy feo, lloré y le comenté que nunca había trabajado antes y le hablé sobre mi angustia. Me acuerdo bien que me miró a los ojos, me pagó y se salió sin tocarme —relata *Pamela*.

"No más de quince minutos por cliente", le ordenaban.

Hombres, en su mayoría de edad madura, compraban fichas para estar con *Pamela*.

—Yo no podía engañar a Manuel. Había una chica que me llevaba el registro del número de clientes y cuánto me tardaba con cada uno, me regañaba si hacía algo sospechoso y me acusaba de todo. Inmediatamente él me mensajeaba y me decía: "Deja de hacerte la tonta".

El primer día de trabajo había terminado y *Pamela* se imaginaba que aquellos mil setecientos pesos que había ganado representaban un granito de arena para alcanzar sus sueños. No contaba con que, al ver al "amor de su vida", este le exigiría todo el dinero.

"No puedes quedarte con nada, porque el dinero lo necesito para pagar mis deudas. Si quieres algo me lo pides y lo compro, pero ni se te ocurra guardarte ni un solo peso" —le dijo enfurecido.

Pamela no sabía de qué deudas hablaba, pero evitó preguntarle, la única opción que le quedaba era ir a trabajar a Morelos en aquella cantina maloliente cinco días a la semana, de once de la mañana a ocho de la noche.

En sus "días de descanso", ella se encargaba de lavar la ropa y hacer el aseo de la casa en Santa Isabel Xiloxostla, Tlaxcala, de donde era originario Manuel.

Al mes de trabajar en la cantina, un cliente comenzó a visitarla casi a diario, le pagaba las bebidas aunque ella no se las tomara y le decía que él la podría sacar de ese ambiente. Durante cuatro meses él le ofreció su ayuda, pero Manuel comenzó a darse cuenta de ese acercamiento y la amenazó con golpearla y sacarla arrastrando del lugar.

El terror psicológico en el que vivía *Pamela* creció conforme pasaba el tiempo. El contacto con algunas compañeras y sus relatos, los incidentes en los que su "hombre" entraba a la cantina ante cualquier pretexto para golpearla o sacarla arrastrando, el acecho de su custodio y el silencio del cantinero y los clientes, la hacían sentirse cada vez más sola, tan lejos de su familia y tan cerca de su *padrote*.

"Sólo quería el dinero"

Pasaron los meses y *Pamela* no había tenido contacto con su papá. Manuel le prohibía hablarle y, además, ella sabía que después de aquella pelea en la cual la corrió, él no querría verla más. No tenía apoyo de nadie y por momentos se sentía muy confundida: ¿Ella trabaja por su voluntad o la están obligando? Si es así, ¿por qué lo permite? "¿Por qué yo?", se preguntaba.

Al mes siguiente comenzó a sentirse muy rara.

—No sabía qué me estaba pasando. Mi menstruación se retrasó y me hice una prueba de embarazo.

¡*PAMELA* ESTABA EMBARAZADA!

Con temor y nerviosismo le comentó a Manuel. Esta noticia podría hacerlo cambiar de opinión, quizás. "A lo mejor le agradará", pensaba *Pamela*.

"No se haya roto el condón con alguno de tus clientes", le contestó furioso cuando le dio la noticia.

Repentinamente se salió y dejó a *Pamela* con un hueco en el estómago, con una incertidumbre que la invadía entera.

"¿Eso qué significaba?", pensó.

"¿Hice mal en decirle? Estoy segura que es de él ¿Por qué se preocupa por tonterías? Si es el segundo paso para formar un familia, como la que siempre he anhelado".

—Ahora entiendo que, después, cuando él me dijo que no era buen momento para tener a nuestro hijo por cuestiones económicas y demás, no era cierto. Él sólo quería que yo no dejara de trabajar y siguiera dándole mi dinero —cuenta Pamela con un nudo en la garganta.

Cuando Manuel regresó esa noche, le exigió que recogiera sus cosas porque se iban a Tlaxcala.

—Cuando llegamos a su casa me golpeó horrible. Me reclamaba por haberme embarazado, como si hubiera sido únicamente mi culpa. Sacó una caja de pastillas y me la aventó en la cara —relata.

"Tómate dos. Una póntela allá abajo", le gritó

—Yo no quería hacerlo, tenía mucho miedo, pero me siguió golpeando más fuerte y en el baño me obligó a hacerlo. Desde aquel momento me empecé a sentir muy mal, sangraba mucho y cuando me vio así, ensangrentada y vulnerable se fue y me dejó sola —solloza.

Durante un mes, Pamela siguió con el sangrado y Manuel, ni siquiera la visitaba para ver cómo estaba, a él sólo le importaba el dinero. Es por ello que un día regresó y la obligó a colocarse una esponja con vinagre "para detener el sangrado" y continuara con ese trabajo infernal.

Su cuerpo ya no reaccionaba igual, el cansancio y el fastidio de esa vida descomunal la hacían sentir como muerta en vida.

Había perdido a un hijo y no había tenido ninguna atención médica. El poco dinero de algunas propinas que lograba guardarse sólo le alcanzaba para comprar algo de comida.

Conforme pasó el tiempo, *Pamela* escuchaba entre risas, bromas y pláticas que Manuel "tenía trabajando a otras niñas" en Estados Unidos, ella no lo creía hasta que las conoció.

Después de unos días de su regreso a Morelos, la llevó a Oaxaca sólo por un mes, y ahí conoció a *Gabriela*, una chica que había regresado de Estados Unidos y quien trabajaba también para él.

—A escondidas comenzamos a platicar un poco y ella me contó que llevaba ya cuatro años con Manuel. Por su voz y su forma de hablar era como si ya no tuviera otra opción, se escuchaba como si ya se hubiera acostumbrado. Yo no quería que me pasara lo mismo —relata *Pamela*.

Al regreso a Morelos, Manuel la sorprendió con una nueva disposición para su cuerpo y tiempo: trabajaría dos turnos, de once a once en la cantina y de doce a cinco de la mañana en otro lugar.

—En aquel tiempo, llegué a atender a treinta hombres en el día. Llegaba un momento en el que no aguantaba mis piernas y mi cuerpo entero sentía como si se fuera a romper en cualquier momento. ¡Todo era horrible!

"Esta es la vida que te tocó"

Hasta los seis meses de vivir ese infierno, *Pamela* pudo ver a varios integrantes de su familia, excepto a su padre, quien no quería que Manuel pusiera un pie en su casa, debido a que ya estaba enterado de su oficio. Las rivalidades entre familias de *padrotes* son muy fuertes pero generalmente hay un pacto entre ellos de respetar a las hijas, lo cual en el caso de *Pamela* no fue respetado.

—Así que llegamos a casa de un tío y bajo amenazas, no pude decir nada. Si se me ocurría hacer algún comentario, él mataría a mi familia.

En otra ocasión, *Pamela* relata que después de una gran golpiza que le propinó, ella visitó a su abuela. Aquella rencilla le había ocasionado una tremenda hinchazón en toda la cara y también la pérdida de un diente.

"Hija, pero ¿qué te pasó?", le preguntó la abuela. "Nada", le contestó *Pamela*, tratando de ocultar el diente falso.

"No me digas que este te anda pegando, ¿eh?", le dijo en aquella ocasión.

—Sólo me miró fijamente, negó con la cabeza y me dijo: "Ay, pero qué vida te tocó, hija. Sólo queda aguantarse".

Pamela cuenta que cuando su familia se enteró que Manuel la prostituía ellos no hicieron nada, no la ayudaron y tenían la creencia de que esa vida le había tocado y no había otro camino.

Del *Diagnóstico de la explotación sexual comercial infantil en el estado de Tlaxcala*, elaborado por el Sistema Estatal para el Desarrollo Integral de la Familia, la Universidad de Tlaxcala y el Primer Colegio de Sociólogos del Estado de Tlaxcala, se desprende que el fenómeno en la región ha comenzado a formar parte del imaginario colectivo, ha sido naturalizado, lo cual imposibilita que las familias hagan algo y crean que es una de las modernas formas de esclavitud.

Es por ello que a partir de tradiciones, costumbres y formas de ver la relación entre hombres y mujeres, estas prácticas se perpetúan.

Sin embargo, a pesar de que autoridades y legisladores locales lo minimizan, verlo como natural es aberrante. La trata de personas y la explotación sexual son delitos graves. Son las formas modernas de esclavitud.

Negocio internacional

Uno de sus días de descanso, *Pamela* se encontraba haciendo sus labores domésticas cuando escuchó un portazo. Era Manuel, nervioso y enfurecido.

"¡Cámbiate! Ponte una chamarra y un pantalón de mezclilla, pero llévate un *pants* debajo. ¡Y apúrate! Te espero en el coche", le gritó.

Cuando *Pamela* se subió al automóvil, Manuel le dijo que la llevaría a Laredo.

"¿Cómo me voy a ir?", le refutó.

Pamela pensó en su familia, esperaba que antes de emprender el viaje ella tuviera oportunidad de avisarles o comentarles que estaba bien y que regresaría pronto, pero Manuel sólo le permitió hacer una llamada, en la cual él estaría escuchando todo con el altavoz. Después de unos cuantos minutos, él le arrebató el celular y se dirigieron a la terminal.

—Hicimos como quince horas de camino. En el trayecto me comentó que me iban a pasar por el río y del otro lado me iba a esperar una tal *María de los Ángeles*, quien era una chica que trabajaba para su hermano. Yo tendría que viajar cerca del motor del autobús porque no tenía papeles. Cuando llegaron a Laredo, un taxi los llevó a un hotel, en el que se hospedaron por tres días y en donde los recogería el *pollero*.

—Le depositamos la mitad del dinero a este señor y la otra mitad se la daría *María de los Ángeles* ya en el otro lado.

Cuando pasaron por mí, me metieron a un coche y Manuel y el *pollero* quedaron en comunicarse en unos días —relata.

La trata de personas es uno de los negocios internacionales más redituables. Distintas investigaciones han dado cuenta que la labor de los tratantes de mujeres y adolescentes en Tlaxcala se desarrolla en varios estados y países.

Algunas veces, los *caimanes* traen a jóvenes indígenas o en situación de marginación de Centroamérica a México para explotarlas en otras partes, entre ellas Estados Unidos. De igual manera, lo hacen con las mexicanas.

El camino fue escabroso y lleno de contratiempos: *Pamela* relata cómo la transportaban de camión en camión junto con otros *mojados* y cómo, en un momento, se montaron en un salvavidas muy grande por el río para cruzarlo. Al atravesar el afluente, tenían que arrastrarse por la hierba sin hacer ruido alguno, para después correr por el desierto hasta alcanzar una camioneta.

—Llegamos a una como bodega que parecía ser la casa del *pollero*. Ahí dormí un poco y comí un poco, pero me avisaron que pasarían por mí pronto en un autobús.

Al día siguiente eso sucedió. Para que la gente que transportaban en aquel autobús no se percatara de la presencia de *Pamela*, ella tendría que viajar en un compartimento donde los choferes usualmente guardan sus garrafones de agua, un lugar muy cerca del motor.

—Ese fue mi viaje durante tres horas o más. Aunque me dieron una botellita de agua para que yo no me deshidratara, ni me la tomé porque estaba hirviendo y yo sentía que moría de tanto calor y movimiento.

"No puedes hacer ruido y te vas a tener que aguantar para hacer del baño, porque no se puede bajar y la policía los puede agarrar. Cuando el chofer te diga que te bajes, te bajas", le advirtieron.

—Me bajaron en una gasolinera. Yo estaba sucia, muy cansada y sentía como si me fuera a desmayar, pero me dijeron que me subiera ya a la parte de atrás del autobús.

En San Antonio, Texas, la recogió *María de los Ángeles*, quien la llevó a comer algo y después a un hotel, para que se cambiara y trabajara de inmediato.

En Estados Unidos la historia fue la misma: ella tenía un horario y una cuota diaria por cubrir en el billar "Las Palmas" en Texas, el cual escondía, tras una puerta de madera y una contraseña al entrar, a otras cuarenta chicas latinoamericanas que eran explotadas sexualmente todos los días a todas horas.

—Ahí yo sacaba de ocho a diez mil dólares a la semana, porque se cobraba 70 dólares por cuarto, más posiciones o desnudos completos. Dinero que tenía que enviar cada semana.

Bajo la custodia de *María de los Ángeles* y otras chicas que trabajaban para sus hermanos, tenía que entregar cuentas claras e informar a dónde iba y para qué.

—Al principio, yo sólo me quedaba con cien dólares para la despensa y para ropa. Él me decía que con todo el dinero que yo le enviaba iba a arreglar por fin nuestra casa e iba a comprarnos unos coches. Después me dijeron que yo tenía que juntar dinero para que otra chica de Manuel pasara, se llamaba *Ever* y con el tiempo nos hicimos amigas, nos cubríamos cuando salíamos y juntas nos escondíamos un poco de dinero para enviarlo a nuestras familias.

Las víctimas de estos tratantes viven eternamente con miedo, gracias a ciertos métodos de dominación que alcanzan miles de kilómetros y atraviesan fronteras: falsas promesas de amor eterno y superación familiar o amenazas de violencia en contra de ellas y sus familias.

El caso de *Ever*, por ejemplo, es muy particular, ya que Manuel tenía secuestrada a su hija y sólo la podía ver cada cierto tiempo. Si ella no enviaba completo el dinero o quería librarse, la extorsionaba con su bebé.

—En ese tiempo, cuando le mandaba dinero a mi papá yo hablé con él y le confesé todo, recuerdo que me insistió mucho que lo dejara, pero yo le decía que no quería que les pasara nada.

Después de una redada, en la cual no encontraron a las víctimas, Manuel le pidió a *Pamela* que regresara a México.

Ya en la terminal de Puebla, después de tres días de viaje, él la esperaba borracho. Aquellas promesas de una bonita vivienda y automóviles se esfumaron de nuevo por las "eternas" deudas y tandas.

A la semana, los golpes regresaron... y también el trabajo en Xochiapan, Morelos.

—Usualmente tomaba pastillas anticonceptivas, pero se me acabaron. Como yo no tenía dinero, le pedí que me las comprara, pero se negó y pues lo obvio pasó: volví a embarazarme.

Pamela relata que al contarle a Manuel, él la golpeó recurrentemente en el vientre, y aun así tenía que trabajar para mantenerlo.

—Cuando estaba con un cliente, yo sangraba y me lastimaban mucho, sentía mucho dolor y ganas de llorar. No aguanté más. Tenía dos meses y medio de embarazo y me fui con mi tía.

Al final de esta historia, el amor por su hijo le dio a *Pamela* fortaleza para salir de ese infierno.

—Mi tía me acompañó a denunciarlo a la Procuraduría de Tlaxcala, pero no me hicieron caso. Después llegué a un refugio y al final, esta fundación me ha ayudado a ver la vida de otra manera. Manuel, después de que me escapé, me mandaba mensajes de que regresara porque no quería que le buscara un padre a mi hijo, amenazándome de muerte, pero aquí estoy, estudiando para poderle brindar a mi hijo otro destino.

¿Y cuál es la situación actual de esta víctima?

Este caso impune nos tiene indignados, porque al comparar con casos similares como el de *Matilde*, por ejemplo, vemos a autoridades que con los mismos elementos actuaron totalmente diferente y lograron castigar al tratante buscado por el FBI, de nombre Noé Quetzal Méndez Guzmán, quien se encuentra en una prisión de alta seguridad.

El caso de *Pamela* lo tomó la Procuraduría General de la República (PGR) en 2011, y el de *Matilde* lo llevó la

Procuraduría General de Justicia del Distrito Federal (PGJDF) bajo el liderazgo de Juana Camila Bautista, y el resultado es diametralmente opuesto.

La PGJDF, gracias al testimonio de *Matilde*, rescató a tres víctimas más y, actualmente, ella cuenta con la protección de víctima, junto con sus dos bebitas y sus padres en Estados Unidos. Noé Quetzal Méndez Guzmán acaba de recibir sentencia, pasará 60 años en reclusión.

Sin embargo, el caso de *Pamela* quedó en la impunidad, los tratantes salieron de la cárcel y la PGR no la consideró como víctima, lo cual arriesga su vida e integridad.

Recientemente, bajo el liderazgo de Arely Gómez González, procuradora general de la República de México, y gracias a los aliados de la Embajada de los Estados Unidos de América este caso ha sido reabierto.

Capítulo III

Por la pobreza y la vulnerabilidad

A nivel internacional, México es reconocido como uno de los países con mayor riqueza y diversidad en sus recursos naturales, minerales y petroleros; sin embargo, un gran porcentaje de la población tiene hambre y vive en precarias condiciones.

La pobreza actualmente es un proceso multidimensional, lo que no permite verla únicamente en términos monetarios, sino a partir de la falta de acceso a oportunidades y carencias sociales.

Ante ello, la desigualdad y la mala distribución de estos recursos tan vastos han provocado violencia, discriminación, abuso y explotación.

La trata y el tráfico de personas tienen como raíz estos problemas, que niegan a millones de niños, niñas, jóvenes, mujeres, hombres y adultos mayores el acceso a la salud, educación, vivienda, empleo digno y calidad de vida que por derecho les corresponde.

Visión

Desde hace algunos años los economistas y sociólogos de México y del mundo han buscado una definición correcta de pobreza, debido a que su estudio a partir de mediciones económicas dejaba de lado infinidad de situaciones y rezagos que entorpecían el pleno desarrollo de las personas.

Por ello, la pobreza es vista como un proceso con muchas dimensiones de análisis y estudio, que parte de una carencia de capacidades básicas para vivir con dignidad en todos los ámbitos.

Por su parte, Amartya Sen, filósofo, economista bengalí y premio Nobel de Economía 1998, define a las capacidades como la libertad que tiene una persona para elegir entre diferentes formas de vida, y esta es entendida en tres niveles: la oportunidad para conseguir algo, la autonomía de las decisiones y la inmunidad frente a la interferencia de las demás personas.

Por ello, la falta de oportunidades que imposibilita el acceso a un empleo de calidad y, por ende, a un ingreso que satisfaga todas las necesidades de un individuo, perpetúa la pobreza generación tras generación.

Y bien, ¿qué sucede cuando en una comunidad existen muy pocas opciones educativas y, a la par, laborales para subsistir?

Otro ejemplo se relaciona con la violencia doméstica, ¿qué sucede cuando el padre de familia le prohíbe a su pareja que tenga un trabajo remunerado y, a su vez, le niega a su hija el poder estudiar?

En México, tanto hombres como mujeres deben enfrentar múltiples obstáculos culturales, sociales y económicos para alcanzar el bienestar y no vivir en pobreza.

Radiografía

El Consejo Nacional de Evaluación de la Política de Desarrollo Social (Coneval), es el organismo encargado de evaluar los niveles de pobreza en nuestro país. Para ello, considera los siguientes factores o dimensiones: el ingreso corriente *per cápita*, el rezago educativo, acceso a los servicios de salud, acceso a la seguridad social, calidad y espacios en la vivienda, acceso a los servicios básicos en la vivienda, acceso a la alimentación y grado de cohesión social; y clasifica los resultados en porcentaje de la población "no pobre, no vulnerable"; "vulnerable por ingreso", es decir, por remuneración económica, por ejemplo.

El último informe arrojó datos que parecían positivos, ya que el porcentaje de la población en pobreza extrema de 2010 a 2012 había disminuido; sin embargo, si a ese 9.8% de población en pobreza extrema —la medición de 2012 se basa en una población total de 117.3 millones de personas y la de 2010, en 114.5 millones— se le suma el valor de quienes están en situación de pobreza moderada (35.7%) y los que son vulnerables por carencias sociales (28.6%) y por ingresos (6.2%) a 2012, nos queda que el 80.3% de la población mexicana es vulnerable, lo que equivale a 94 millones de personas.

En nuestro país 27.4 millones de mexicanos no tienen acceso a la alimentación, 25.3 a servicios de salud y 24.9 no cuentan con los servicios básicos en su vivienda.

Estas condiciones permiten que miles de jóvenes varones se cobijen fácilmente en el crimen organizado, que al parecer ofrece mejores oportunidades económicas que la educación, y que miles de niñas y mujeres sean enganchadas por *padrotes*, que les prometen una mejor calidad de vida o un empleo.

Esta vulnerabilidad imposibilita el desarrollo de nuestro país y rompe la solidaridad y fraternidad entre los mexicanos, al tener a la violencia, la delincuencia y el abuso como telón de fondo.

A su vez, en este diverso país, la distribución de los recursos y el desarrollo económico y social no es general, existen zonas y regiones del territorio con mayores índices de pobreza y, por supuesto, más proclives a vejaciones contra los derechos humanos.

Para esquematizar la relación entre las causas y consecuencias de la trata de personas, la Comisión Unidos *vs.* Trata elaboró el siguiente esquema, llamado el "Árbol de la trata de personas":

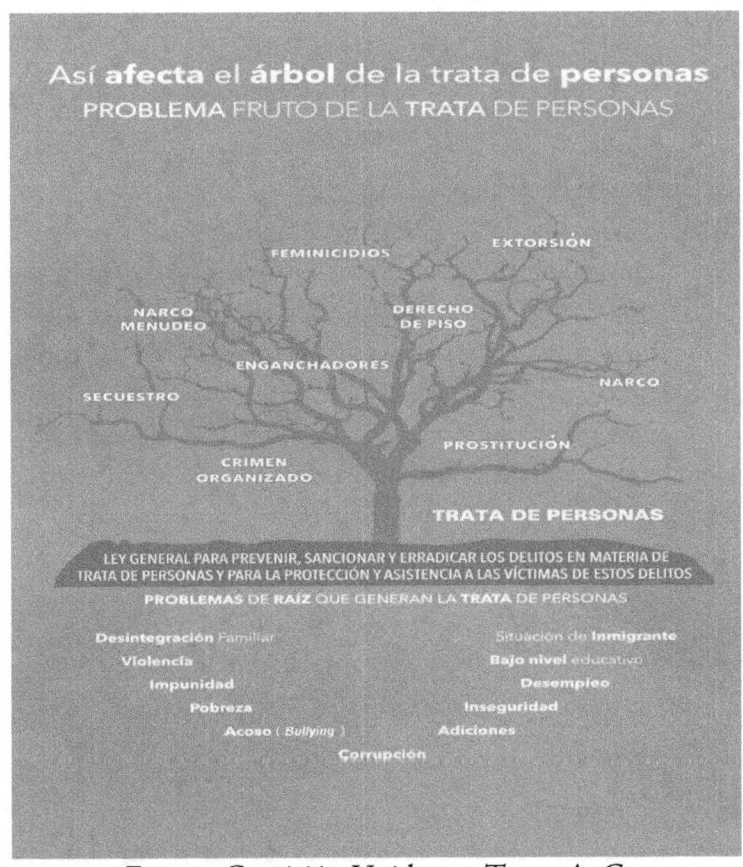

Así afecta el árbol de la trata de personas
PROBLEMA FRUTO DE LA TRATA DE PERSONAS

FEMINICIDIOS

EXTORSIÓN

NARCO MENUDEO

DERECHO DE PISO

ENGANCHADORES

SECUESTRO

NARCO

CRIMEN ORGANIZADO

PROSTITUCIÓN

TRATA DE PERSONAS

LEY GENERAL PARA PREVENIR, SANCIONAR Y ERRADICAR LOS DELITOS EN MATERIA DE TRATA DE PERSONAS Y PARA LA PROTECCIÓN Y ASISTENCIA A LAS VÍCTIMAS DE ESTOS DELITOS

PROBLEMAS DE RAÍZ QUE GENERAN LA TRATA DE PERSONAS

Desintegración Familiar
Violencia
Impunidad
Pobreza
Acoso (Bullying)

Situación de Inmigrante
Bajo nivel educativo
Desempleo
Inseguridad
Adicciones

Corrupción

Fuente: Comisión Unidos *vs.* Trata, A. C.

Como podemos observar en la imágen, la desintegración familiar, violencia, impunidad, pobreza, desempleo, inseguridad y el bajo nivel educativo son considerados las causas de raíz que generan la trata de personas.

Hay otros factores que incrementan la situación de vulnerabilidad, tales como el acoso y las adicciones que lastiman la autoestima de las personas y las denigran. Problemas que afectan principalmente a miles de niños, niñas y adolescentes, aislándolos de redes de apoyo, de sus amistades y de su familia.

A su vez, hay datos documentados, análisis e investigaciones que aseguran que la trata de personas está íntimamente relacionada con otros delitos, como el feminicidio, por ejemplo, ya que muchas veces los tratantes asesinan a algunas de sus víctimas frente a otras, como mecanismo de sometimiento.

También guarda una relación con la delincuencia organizada y el narcotráfico, en casos de explotación sexual, con la prostitución y cuando no es posible enganchar —a través de engaños a sus víctimas—, las secuestran.

Tlaxcala

El Coneval en el mismo informe, analizó la situación de pobreza del estado de Tlaxcala y el resultado fue que la entidad cuenta con un porcentaje mayor de personas en "pobreza moderada" que a nivel nacional.

De acuerdo con las estadísticas, el 57.9% de su población vive en pobreza moderada y extrema, y si se le suma el valor de quienes son vulnerables por carencias sociales (23.9%) y por ingresos (6%) a 2012, el porcentaje es del 87.8%, es decir, más de un millón de mexicanos.

Asimismo, de acuerdo con estudios de la ONU, son las mujeres en la entidad quienes sufren reiteradamente las consecuencias de la desigualdad en educación y empleo, como ya lo habíamos comentado.

Juventud perdida

Los estudios e investigaciones han encontrado asociación entre la pobreza y la trata de personas. Por un lado, aquellas niñas y jóvenes que viven en condiciones de precariedad económica y quienes no tuvieron acceso a altos grados de educación e instrucción académica, son más propensas a ser engañadas por las redes de trata.

A su vez, jóvenes que han observado que en su comunidad sólo hay una manera de poder "ser alguien" en la vida y esta es a través de la explotación sexual de mujeres, fácilmente son convencidos de continuar con el "negocio".

El estudio *Trata de mujeres en Tlaxcala* menciona que el FBI, por ejemplo, tiene un perfil muy definido entre las víctimas: son niñas y jóvenes con una personalidad de baja autoestima, poca o nula educación, ligada a la pobreza.

Por su parte, en la investigación realizada por Óscar Montiel —quien entrevistó a algunos *padrotes* de la región— se asegura que el aprendizaje del oficio de proxeneta en las comunidades del sur del estado de Tlaxcala es todo un proceso transmitido entre familia y amigos y, por ende, para la gran mayoría de jóvenes y niños el dedicarse a explotar sexualmente a mujeres es una gran oportunidad de salir adelante, debido a las altas ganancias.

En ambos casos, la ambición por el dinero, derivada de años de precariedad económica, resulta un factor facilitador y además invisibiliza las trasgresiones —legales, morales y psicosociales— aumentando la impunidad de los infractores.

Tal y como nos platica Pedro, —*padrote* que cumple una condena en una prisión mexicana— que a pesar de que sus padres le dieron la oportunidad de estudiar música y tras varios fracasos en preparatorias privadas y públicas, encontró en la explotación de mujeres el camino para concretar todos aquellos sueños y aspiraciones económicas. "Desde los doce años quería ser *padrote* porque por las tardes jugaba fútbol con chavos más grandes, provenientes de Papalotla y Tenancingo y escuchaba cómo presumían de los coches, propiedades y de las mujeres que tenían", relata.

La delincuencia, así como la migración ilegal, son las opciones que les quedan a miles de jóvenes de escasos recursos; sin embargo, en este caso, existen ciertas zonas de Tlaxcala que se han convertido en un entorno en el que culturalmente la trata de personas es admisible.

"Empecé a los 19 años. Cuando me salí de la escuela, primero opté por irme a los Estados Unidos con el hermano de mi papá y yo esperaba que allá haría los montones de dinero, pero no fue así".

A su regreso, Pedro se acercó a un grupo de conocidos a que le enseñaron el "oficio": "Me acuerdo mucho que me dijeron: "¿Eres consciente de lo que vas a hacer?" Lo primero que me enseñaron fue a matar el sentimiento, que es el no enamorarme de las chicas".

Montiel en su investigación relata sobre la visión mercantil de los *padrotes* de Tlaxcala y Pedro nos cuenta que entre las principales recomendaciones de sus "compadres" y "paisanos" estaban usar el enamoramiento como arma para convencer a las víctimas, verse sincero con ellas para ganarse su confianza y no perder mucho tiempo tratando de convencer a una sola mujer.

"Me acuerdo que me dijeron: "Si ves que hay jale con una, adelante. Si no, no pierdas más tiempo. Si ves que te da entrada, trabájala, enamórala", cuenta.

Los especialistas hacen un llamado urgente a atender las necesidades de nuestros jóvenes, hombres y mujeres, quienes asocian el éxito con exorbitantes cantidades de dinero, viajes y bienes materiales, y que al igual que Pedro recurren a grupos delictivos para lograrlo lo más rápido que se pueda.

ɛ❦Historia de *Rosaura*❧ʒ

Rosaura no recuerda un momento más difícil que el de aquella noche. Acompañada de varios elementos de la policía espera a que Luis —quien no sólo la había obligado a prostituirse, sino también engañado desde el primer momento en que lo conoció— salga del *departamentucho* al que la llevó la noche que ella decidió vivir con él.

Sus entrañas están hechas nudo, el pensar que pudo no haber hablado y seguir mintiéndole a las autoridades que ese trabajo que realizaba en el callejón de San Pablo lo hacía por su propia cuenta, para supuestamente pagar sus estudios (tal y como él la había "adiestrado").

O tal vez, si ella no hubiera tenido que llevar el dinero para pagar la fianza que liberaría a otra de sus "víctimas", todo aquel proceso en el que era despertada para declarar, cada tres horas, y señalada como una mujer de la "vida galante o alegre" —como les dicen aquellos que no conocen la realidad detrás de todo ello.

Ya era tarde para arrepentimientos y ahora ella conocía toda la verdad: para Luis sólo representó una presa fácil, no sólo por las necesidades económicas que atravesaba su familia en aquellos momentos, sino también por la vulnerabilidad que traía consigo al estar relacionada con un novio que la engañaba y el aislamiento que padecía todos los días, lejos de su familia al trabajar haciendo el quehacer en una casa ajena.

Este embrollo pronto llegaría a su fin. Aquella vida, en la que debía reunir de 15 a 20 mil pesos semanales vendiendo su cuerpo, acostándose con más de 50 hombres de nueve de la mañana hasta las once de la noche todos los días y donde no importaba si física o emocionalmente se sentía vulnerable —ni siquiera estando en su menstruación podía dejar de trabajar—, comenzó a esfumarse cuando ella, desde la ventana de una patrulla, observa cómo le colocan las esposas a Luis.

En ese momento recordó todo, y al final de la historia reconoce que quizá, si transmite su testimonio, miles de jovencitas podrían librarse de los engaños que hombres como Luis escogen como estilo de vida.

Rosaura vive bajo la protección de una organización de la sociedad civil, y para la realización de este libro nos cuenta su experiencia:

—A la semana de vivir juntos me propuso que trabajara como sexoservidora. Él se quedó sin trabajo y comenzó preguntándome cómo yo le iba a ayudar. Yo le traté de explicar que mi familia es muy pobre y que yo no tenía dinero. Le dije que podría trabajar en un mercado o en una casa, pero me advertía que ahí no iba a ganar mucho.

"En México hay muchas muchachas bonitas que se dedican a trabajar de otra cosa, se les llama sexoservidoras, se ponen falda corta, blusa escotada, trabajan en la vía pública y se van con señores", le dijo.

—Luis me explicó que había un callejón en la Ciudad de México donde se paran las muchachas y dan sus servicios en un hotel. ¡Yo no quería trabajar de eso! ¡No quería estar desnuda en la calle y, además, nunca había trabajado de ello! —relata quebrantada y con un nudo en la garganta.

"¿Me amas? ¿Me quieres? ¿Estarías dispuesta a ayudarme?", y "¿si no quieres ser sexoservidora, entonces por qué te viniste conmigo? Si me amas me vas a ayudar", fueron parte de sus reclamos y chantajes al proponerle que trabajara para él.

—Yo le traté de explicar que no era la única manera para demostrarle que le quería, pero se enojó mucho conmigo, tiró cosas al suelo con mucho coraje y yo sentí mucho miedo. Al calmarse me dijo que no había problema, que me regresaría a mi pueblo y le diría a toda la gente que sólo me usó, y eso me dio mucha tristeza.

Aquél ultimátum representó para *Rosaura* una encrucijada, en su pueblo (como en muchas partes de México) la vergüenza pública pesa fuertemente en una decisión y decidir no trabajar para él, en algo que ella aborrecía, representaba convertirse en el hazmerreír de su lugar de origen.

Ello sin considerar que estaba a punto de emprender un viaje hasta las profundidades del infierno.

Antes de conocer a Luis, ella trabajaba para ayudar a su familia, quienes atravesaban por una mala racha económica debido a la adicción al alcohol de su padre.

—En Veracruz, yo atendía una casa, lavaba, planchaba, hacía el mandado y cuidaba a los niños. Cada quince días, en mi día de descanso, les llevaba dinero a mis papás y un domingo, cuando regresaba a San Juan, conocí a Luis.

Rosaura explica que en aquella caminata un chico de aproximadamente 35 años se acercó a invitarle algo para tomar y así refrescarse, invitándola a subir a su automóvil blanco.

—Por su tono de voz medio inocente, yo acepté. Me subí al coche y me preguntó mi nombre. Me contó que él no era de Veracruz, sino de Puebla y que vivía muy lejos, sólo que era arquitecto y su patrón lo mandaba a buscar material por esos lugares. Después me hizo muchas preguntas, que de dónde venía, que qué hacía en la vida, que cuántos años tenía...

Después de esa plática, Luis comenzó a llamarla con regularidad, preguntándole cómo estaba, qué estaba haciendo, y al referirse a ella siempre le decía "bonita", "bebé", "hermosa", lo cual a *Rosaura* le agradaba mucho, porque acababa de salir de una relación con uno de sus paisanos, quien reiteradamente le alardeaba que pasaba el tiempo con otras mujeres.

—A la semana de conocernos, él quería que le presentara a mi mamá, para decirle que ya nos íbamos a casar y que habíamos convivido más de un año, pero, ¡cómo iba a mentirle a mi mamá de esa manera!

La técnica más usada por los *padrotes* es enamorar a sus víctimas y así ganarse su confianza, convencerlas de ir a vivir con ellos —bajo una promesa de matrimonio— y después obligarlas a prostituirse.

Luis optó por prometerle que ella sería la única mujer en su vida y que jamás había conocido a alguien como ella y, de aceptar irse con él, le pondría una casa tan grande y bonita como siempre ella había soñado.

"Todo lo mío será tuyo, así podrás darle hasta cinco mil pesos a tus papás cada vez que vengamos a verlos; en nuestra boda podemos hacer una pachanga muy grande, porque esta es una celebración muy importante", fueron parte de sus promesas.

—Al siguiente domingo pasó por mí. Fuimos a la casa de mis papás y él les llevó una canasta llena de frutas, junto con una botella, que porque así se acostumbra en Puebla. Cuando llegó, todos en el pueblo se sorprendieron porque nunca habían visto un carro tan bonito.

En aquella reunión, *Rosaura* no estuvo segura de su decisión, no entendía por qué mentirle a su mamá ni mucho menos por qué tanta rapidez; sin embargo, por el amor que Luis pregonaba todo le parecía muy lógico; ella tenía que llevarse sus cosas porque él no vivía en Veracruz, también es obvio que no podían casarse de inmediato, porque él no tenía sus papeles cerca y de negarse a dar ese paso, su relación acabaría en ese momento.

Después de hablar con sus padres y presentarse como su novio, él se ofreció a llevarla a su trabajo, cuando en realidad el destino fue otro... El plan era viajar hasta Puebla y vivir desde esos momentos juntos.

"Tú dime, si me quieres y si en ti está esa seguridad, vámonos, pero si estás insegura de que no vas a ser feliz conmigo no tiene caso... Si me dices que no, aquí se acaba esto, yo me regreso para Puebla y ya nunca regreso para acá... Creo que otra oportunidad como esta, de un chavo tan guapo como yo, ya no vas a encontrar nunca, puedes esperar a casarte con uno de los pobretones que viven en tu pueblo, que no tienen ni cómo mantener a una mujer", le argumentó para convencerla.

—Decidí irme con él. En el camino me venía diciendo que siempre me quería junto a él pero yo tenía mucho miedo. Cuando llegamos a donde íbamos a vivir, no era la casa grande y bonita que me prometió. Me llevó a un departamento en el que no había absolutamente nada, ni un vaso para tomar agua.

Hacia el infierno

Con la propuesta de trabajo que le hizo Luis, *Rosaura* se sintió acorralada y, al valorar entre ayudar a su amado o perderlo, aceptó.

—En cuanto acepté trabajar para él, le marcó a un amigo para que su esposa me echara una mano, para entender el negocio. Ella me iba a esperar en la central camionera

Tapo, ya aquí en México (D. F.). Cuando colgó me dijo que ya tenía ropa especial para mí y me mandó sola a la ciudad.

Entre el bullicio de la terminal de autobuses y el tránsito de tantas personas, *Rosaura* experimentó la soledad y el miedo.

—Casi no sabía leer... No reconocía a la supuesta esposa de su amigo, hasta que le marqué y me dijo que levantara la mano.

Lucero, quien se convertiría en su maestra y después "capataz", se acercó a rectificar su identidad.

"¿Tu eres *Rosaura*? Yo soy *Lucero* y te voy a llevar a La Merced. Te diré lo que vas a hacer, cuánto vas a cobrar, cómo te vas a vestir y comportar, además tengo la orden de vigilarte", le dijo.

—El primer día que llegamos al hotel me advirtió de no tardarme más de diez minutos con cada cliente, de lo contrario, Luis me metería una "madrina".

Y ahí, en el infierno, se adoraba a la Santa Muerte y se obligaba a menores de edad a prostituirse.

—Todas teníamos que hacer una especie de pasarela con música, como para animar a los clientes, y quien no lo hiciera, la golpeaba una de las chicas que estaban a cargo, por parte de la dueña del hotel. Vivíamos con miedo, día con día. Una vez, había una niña como de diez o doce años que lloraba mucho, me le acerqué y le pregunté por qué lloraba, ella me dijo que no quería estar ahí pero que no me podía comentar nada más porque nos estaban vigilando, después de esa vez viví siempre bajo amenaza.

"Si se te ocurre otra vez preguntarles a las demás cómo les ha ido, te van a poner una golpiza, de esas con las que no te puedes levantar después. Cierra la boca, te ves más bonita con la boca cerrada". "Si sigues así, te voy a acusar con tu marido", le gritaba Francisca, la dueña del hotel.

—Yo le tenía mucho miedo, siempre me gritoneaba y me amenazaba. Ella tenía como 85 años pero siempre estaba a las vivas, tenía un hijo y siempre se daba vueltas. Él se metía con las chicas y no les pagaba.

Conforme pasó el tiempo, *Rosaura* se acercó a sus compañeras poco a poco.

—Conocí a una tal *Neyra* y a otra que se llamaba *Yesica*, ellas me preguntaban cómo era mi marido. En aquel momento yo no entendía por qué, pero al final descubrí que como yo, ellas habían sido enganchadas por Luis, quien les juró también fidelidad.

Entre las pláticas que entablaba con sus compañeras, los rumores de que el "negocio" peligraba se esparcieron.

—En dos ocasiones se acercaron señores a preguntarme si alguien me estaba obligando. La señora Francisca me advirtió que eran policías encubiertos y que si yo decía cualquier cosa me iba ir muy mal. La segunda vez, ella y sus ayudantes decidieron mejor encerrarme.

El trabajo que ha hecho el gobierno del Distrito Federal ha logrado localizar los puntos de explotación sexual de menores, y es el barrio de La Merced uno de los focos rojos de estos crímenes.

—Con el primer operativo, Luis y *Lucero* me sacaron de ahí. Me mandaron al hotel donde yo estaba hospedada y me fui a Puebla, pero antes llegaron algunos policías a buscar a *Lucero*, me preguntaron sobre su paradero y me dijeron que si tenía cualquier información les avisara.

"No vayas a decir nada, si hablas nos van a encerrar a todos", la amenazó el dueño del hotel donde dormían.

Después de una semana, *Rosaura* regresó.

—A mi regreso, me enteré que agarraron a la tal *Neyra* y para liberarla tenían que pagarle a un abogado cuatro mil pesos. Como andaban tras *Lucero* y una tal *Carolina*, Luis me dijo que yo llevara el dinero a un supuesto abogado.

Cuando *Rosaura* llegó al punto de encuentro, se dio cuenta que era parte de un operativo policiaco y a pesar de que Luis le advirtió no dar más información, tragarse el chip del celular de ser necesario, mentir, correr, escapar... ella no pudo más con este engaño y cooperó con las autoridades.

"Pasé una noche entera entre declaración y declaración, pero sólo así pudimos tenderle una trampa a Luis y capturarlo", platica *Rosaura*.

—Sentí feo cuando lo detuvieron, pero él no tuvo compasión de tenerme ahí parada trabajando.

De vez en cuando, aunque la pesadilla terminó y se acabaron los servicios sexuales, las ofensas de Luis, las noches de exhibición y el trato de mercancía, horribles remembranzas convertidas en fantasmas la persiguen por las noches.

—No duermo muy bien, de repente se me presentan en mi mente imágenes de todo lo que viví; cómo me fue envolviendo ese tipo, sus detalles, sus palabras, pero hoy le agradezco a Dios y a la Fundación por el apoyo que nos dieron, por las terapias psicológicas que he tenido y con las cuales pude reintegrarme a la sociedad. Espero que mi historia les sirva a otras niñas para que no las enganchen, como fui engañada.

Capítulo IV

▶ ◀

Y por la sociedad

Carlos, junto con su esposa, trabaja todos los días para mantener a su familia: dos niñas hermosas de 5 y 7 años. Aún no ha terminado de pagar su casa, pero está orgulloso del hogar que ha formado y del estilo de vida que gracias a su empleo y profesión ha podido alcanzar.

Sin embargo, hoy no ha sido un buen día: la discusión que tuvo en la mañana con su esposa desató su malhumor y repercutió en diferencias con su jefe y con algunos compañeros. Fastidiado, decide salir un poco más temprano de la oficina e ir —porque su dinero le permite— a distraerse viendo mujeres en un club.

Mientras bebe una copa en el *tabledance*, llama a la encargada y le pide que quien se hace llamar Gala sea preparada para él. "No sólo un privado esta vez", le dice.

El consumo en el mercado del sexo nace de una demanda de miles de hombres, mujeres y jóvenes que como Carlos, tienen la posibilidad de pagar un servicio. Lo cual ha desencadenado que la "oferta" sea algo "natural": la prostitución, por ejemplo, la llaman la profesión más antigua del mundo, y el asistir a giros negros, resulta un espectáculo más de entretenimiento y recreación, como ir a un bar o al cine.

La Fundación Scelles de Francia ha demostrado a través de una investigación realizada en más de 60 países que 90% de lo que parece prostitución es en verdad trata. Asimismo, existen datos que aseguran que la prostitución es una de las profesiones más peligrosas, ya que se tiene 80% de probabilidad de morir de manera violenta.

A lo largo de este libro hemos explicado cómo los tratantes ven en la explotación sexual un negocio más y no un delito, también hemos hablado de qué manera influye el inacceso a oportunidades de empleo y educación a miles de jóvenes, y cómo la violencia de género impacta en la manera en la que pensamos y actuamos como sociedad.

Pero en esta dinámica hay un cabo suelto y se llama tolerancia, desde nosotros como sociedad, las empresas y hasta el gobierno con sus leyes y reglamentos.

El cliente

No debemos olvidar que en la dinámica de venta de servicios sexuales hay un comprador, que siempre pasa invisible en giros negros... sólo porque tiene la posición económica para pagar su anonimato.

Los clientes, aunque en muchas ocasiones no conocen o no comprenden que casi el 90% de lo que parece prostitución puede ser trata de personas —ver estudios de Fundación Scelles—, se convierten, precisamente, en el motor que impulsa esta industria; y cuando hablamos de menores de edad la situación se complica, ya que aquí no podríamos distinguir entre cliente y tratante; o, por ejemplo, el responsable del hotel, que permite que en sus instalaciones adultos ocupen una habitación a solas con niñas, bien maquilladas, vestidas de lentejuela y altos tacones, todo por la ganancia. ¿Cuánto vale un ser humano?

¿Cómo contribuimos para acabar con esta grave situación? Existe una campaña internacional de la Fundación Thomson Reuters denominada #Choosetosee o, en español, #Eligever, la cual nos apremia a que, en este tema, todo aquello que consideramos natural, normal o que nos han hecho creer que así es, lo cuestionemos y veamos un poco más allá... ¿Verdaderamente no sabías que era menor de edad? ¡Elige ver! Y tu realidad y la de esas niñas y niños en cautiverio se transformará. Podemos empezar por ahí.

A lo largo de la historia, la sociedad ha formado una noción de la sexualidad masculina que permite esto y más. Desde muy pequeños, las niñas y niños son instruidos bajo el estigma de que son diferentes entre sí, y esas diferencias, van más allá del vestido rosa y los pantalones azules.

Todas estas condicionantes de lo que espera la sociedad de las mujeres y de los hombres se conoce con el nombre de estereotipos de género, que en la mayoría de las sociedades, exaltan como atributos de los hombres la virilidad, la sexualidad, la violencia, el ejercicio del poder y del dominio sobre las personas, generalmente sobre mujeres, niñas y niños, mientras que en el caso de las mujeres los estereotipos esperan de ellas sumisión, abnegación, contención en los deseos sexuales y complacencia hacia el sexo masculino.

Conforme crecen, ellas saben que deben cuidar su cuerpo y ser recatadas en su forma de hablar y comportarse; mientras que ellos deben desarrollar ciertas habilidades para poder conquistarlas y con ello asegurar su hombría.

En ese proceso de aprendizaje, se cree que ellos, entre más experiencia sexual aprendan o tengan, serán más y mejores hombres, no importando si ese conocimiento lo adquieren a través de revistas o videos pornográficos, al asistir a giros negros e, incluso, pagar por sexo.

Socialmente se cree que los hombres tienen un apetito sexual mucho más despierto que el de las mujeres y, por ello, no pueden vivir sin tener relaciones sexuales por mucho tiempo o ser fieles. Ambos argumentos son los más utilizados como justificación para, entre otras opciones, la compra-venta de mujeres, niños y niñas en situación de prostitución.

En otros casos, diferentes estudios y encuestas han dado testimonio de que hombres —inmiscuidos en alguna relación amorosa— pagan por ciertas prácticas sexuales, que vacilarían en pedírselo a su pareja o por experimentar una sensación de poderío, frente a una mujer que "no puede negarse".

Todo ese contexto cultural ha conformado una gran demanda de cuerpos de niños, niñas y mujeres, que además de ser permitida —en algunos casos— es aplaudida.

Además, algunas parejas han asociado el pago por servicios sexuales como una oportunidad de experimentar y vivir una vida sexual plena; sin embargo, ¿acaso no va ello de la mano con el deseo, el erotismo y el placer que obviamente las mujeres (u hombres), en situación de prostitución, no ponen en funcionamiento, ni esperan obtener ningún placer o deseo, y que para la mayoría sólo significa reunir el dinero necesario para quien las explota o una forma muy dura de ganarse la vida?

Recordemos que la explotación sexual comercial de niños, niñas y mujeres es un negocio redituable, que para muchas empresas hoteleras, turísticas y de servicios, así como para algunos gobiernos locales, representa ganancias exorbitantes.

Pero todas estas realidades tienen de fondo y muy arraigado el control y el poder que es enseñado a los niños, y perpetuado en la edad adulta. El consumo sexual en la mayoría de las ocasiones tiene como origen la necesidad de control y dominio sobre otra persona, por lo que la sociedad debe de romper con los estereotipos de género y la violencia y control que están inmersos en los mismos, a fin de poder modificar estas realidades.

El papel de los empresarios es elegir una postura que esté a favor de los derechos humanos y negarse a ser cómplices "silenciosos" de la trata de personas.

Mientras que el gobierno deberá disociar el desarrollo económico con los polos turísticos y cumplir sin ambigüedades la ley.

Suecia fue el primer país en aprobar una ley, en el año de 1999, que penaliza la compra de servicios sexuales y despenaliza la venta de estos. Su gobierno destina recursos para apoyar a las mujeres en situación de prostitución a abandonar la industria del sexo, y a implementar la capacitación requerida para que policías y juzgados cumplan dicha medida.

Hasta hoy, los resultados han sido altamente positivos: en Estocolmo, la capital de Suecia, se redujo hasta dos tercios el número de mujeres en situación de prostitución y 80% la demanda. En otras ciudades, casi ha desaparecido la prostitución callejera.

Después de ese país nórdico, se sumaron a esta medida Noruega e Islandia y, recientemente, Corea del Sur y Francia.

En México se castiga al cliente si sabía que estaba con una víctima de trata de personas, lo cual es casi imposible de probar. En la ley sólo se castiga la explotación de la prostitución ajena, pero no a quien ejerce el trabajo sexual de manera adulta y libre, pues de acuerdo con las leyes mexicanas se es libre de decidir con quién, cuántos, dónde y cuánto se cobra, pero se considera delincuente a quien explota a otra persona, de acuerdo con la Ley General para Prevenir, Sancionar y Erradicar los Delitos en Materia de Trata de Personas y para la Protección y Asistencia a las Víctimas de estos Delitos.

☙ Historia de *Neli* ❧

Tal vez si todavía viviera mi papá, yo no hubiera atravesado por ese infierno.

Neli nació en el municipio de Tres Valles, Veracruz. Debido a algunas diferencias que tenía con su mamá, y tras la muerte repentina de su padre, ella tuvo que trabajar para sobrevivir y pagar sus estudios.

—Antes de que yo terminara el bachillerato murió mi papá. Fue horrible el no poder compartirle mi felicidad en mi graduación. Después de su muerte, mi familia se desintegró por completo. Mi mamá y mi hermano se van a vivir a la ciudad y yo me voy con una tía materna, quien después de un tiempo termina corriéndome.

Un sábado, mientras tomaba un receso en el parque cercano a la tienda de zapatos donde trabajaba, conoce a Alex.

"Hola, amiga. ¿Qué comes?", le dijo.

—Me empezó a hacer la plática. Se presentó y me contó que él era de Querétaro, pero ahora vivía en Puebla. Me mintió diciéndome que tenía 25 años y que por el momento se dedicaba a la construcción de casas. Me preguntó sobre mí, sobre mi trabajo y mis estudios.

En aquel encuentro, Alex buscó la manera de asegurar que el contacto continuara, y para ello no sólo le pidió su número de celular, sino que le abonó crédito y le hizo énfasis en querer conocerla y ser más que amigos.

—Me pidió que fuera su novia por medio de un mensaje y eso fue muy rápido. Yo lo acababa de conocer... después de tanta insistencia yo acepté, con la condición que fuera a pedirle permiso a mi tía. Él aceptó y fuimos hasta Tres Valles para que él hablara y así la relación se formalizara.

La visión "empresarial" de los *padrotes* los obliga a buscar víctimas continuamente, a pesar de tener hasta cinco o siete chicas —a quienes les hacen creer que son sus novias— en el mismo periodo de tiempo. Tal es el caso de Alex, quien mientras estaba convenciendo a *Luceralba* de que trabajara de sexoservidora, conocería a *Neli*.

—Yo me enamoré de Alex por su forma de expresarse. Se portaba súper bien conmigo y mi familia lo quería

115

mucho, de hecho, se ganó a la buena manera su confianza. Ya éramos novios oficiales y me visitaba en el parque donde nos conocimos. Nos veíamos durante el receso o después de mi jornada, íbamos a dar la vuelta por ahí o bien, me llevaba a cenar.

Neli llevaba un año en su carrera y quería terminarla a como fuera lugar. Sin embargo, Alex le insistía en que abandonara la escuela y se fuera a vivir con él a Puebla.

"Si no es ahora, las cosas pueden cambiar" o "Yo no veo futuro entre nosotros, con eso que ni relaciones tenemos", eran parte de sus chantajes.

—Yo quería acabar mi carrera, pero él intentó convencerme de que seríamos felices juntos, me decía que me amaba y al final acepté.

Un día, la pareja emprendió un viaje a Puebla. Durante el trayecto platicaron hasta cansarse, Alex le ofrecía la confianza de pedirle lo que ella quisiera, compartieron sus sueños y *Neli* no podía sentirse más feliz.

—Fuimos a un restaurante de comida china y luego vimos un grupo musical en un parque. Me mostró a lo lejos su casa y después me llevó a un departamento de un amigo que se había ido a Cancún. Ahí estuvimos juntos, por primera vez, nos bañamos y me enseñó otro departamento que, según dijo, sería para mí.

Los planes de *Neli* eran regresar a Cuitláhuac (donde vivía y trabajaba) esa misma tarde, pero algo dentro de ella la convencía de que Alex era una "buena" persona.

—No era guapo. A mí hasta me parecía feo. No había nada que llamara mi atención, pero como vi que me trataba bien, decidí quedarme a vivir con él en Puebla. Creo que también las circunstancias en las que me encontraba, sin dinero, trabajando para pagar mi propia renta y, en el fondo, extrañaba mucho a mi papá.

Los primeros días, cuenta, eran como una luna de miel: las tardes las disfrutaban juntos al salir a pasear, comer y yendo de compras. Después de una semana, los relatos sobre sus amigos que tenían "trabajando" a sus novias en prostíbulos en la Ciudad de México comenzaron a tener una presencia importante en sus pláticas. Y poco a poco se convertirían en propuestas.

—Un día llegó tomado y me empezó a decir que como mujer no valgo nada y que si en verdad lo amo, tenía que trabajar en eso y ayudar a juntar dinero para algunos negocios que tenía en mente, ya que quería construir departamentos en renta, tener una red de taquerías y un motel.

Neli no podía con la tensión que aquellas pláticas "casuales" le generaban, pero al mismo tiempo no podía creer la cantidad de dinero que ganaban todos estos supuestos conocidos de Alex.

Un día paseando por Cholula le daría un ultimátum: "Preciosa, anteriormente he tenido otras oportunidades de casarme. Mi primera opción fue la reina de la piña de Loma Bonita, Oaxaca; la segunda era una chava de Acapulco y la tercera has sido tú, pero si no me ayudas trabajando de sexoservidora voy a dejarte. Una mujer que quiere a su esposo da la vida por él, así como yo la doy por ti", le advirtió.

—Me dio tres opciones. La primera era que me fuera a terminar la universidad y, para ello, me daba 300 mil pesos en ese momento; en la segunda también seguía estudiando, pero me mandaría mil pesos mensuales y me enviaría con sus empleados algo de comida, zapatos y ropa. Y la tercera opción era quedarme con él con la condición de que trabajara de sexoservidora. Yo no quería separarme de él.

Para *Neli*, la lógica de Alex le parecía absurda. Ella contaba con una carrera técnica en análisis y tecnología de los alimentos, con la cual podía trabajar en cualquier empresa del sector, pero él insistía que en cualquier trabajo honrado nunca iba a ganar más de dos mil o tres mil pesos quincenales, con lo cual no les alcanzaría.

"En cambio, trabajando de sexoservidora podríamos ganar de 15 mil hasta 20 mil pesos semanales. ¿Te imaginas qué haríamos con ese dinero?", le decía.

¿Y el amor?

Los días de romance entre *Neli* y Alex se esfumaron. Ella no estaba convencida de trabajar de sexoservidora, pero en realidad no quería dejar pasar la oportunidad de estar con el hombre que amaba y si esa era la única condición, no importaba.

—Me llevó a la central camionera CAPU para irme a México, junto con una amiga suya llamada *Lucy*.

"Vas a ver que te va a ir bien, chamaca. Yo trabajo en el Hotel de las Cruces en la Merced", trató de convencerla y ver con buena cara esta vida.

Maquillada, vestida con unos jeans muy ajustados, una blusa escotada, tacones altos y la cabeza agachada (para que el cabello le cubra el rostro), *Neli* se paró por primera vez en el Callejón de Santo Tomás.

—Como era nueva, me pusieron en la entrada. Los hombres saben que las primeras niñas son las nuevas. El primer hombre que me escogió me dijo que me quería ayudar, que no tuviera miedo, pero yo sabía que podía ser un policía encubierto, porque Alex ya me lo había advertido.

Neli relata que los primeros clientes fueron los peores. Sus lágrimas la traicionaban y no podía detenerlas. El recuerdo de su padre la invadía, y prefería pensar que en cualquier momento él iba a entrar a salvarla al verles el rostro a aquellos hombres que la hacían sentir como un objeto.

—Estuve trabajando alrededor de 20 días, los peores de mi vida. Atendía a 30 hombres diario para cumplir una cuota de tres mil pesos diarios. Y en donde estábamos nos cobraban 50 pesos por la comida. Nosotras cobrábamos 220 pesos por el turno de la noche. Mi jornada era de diez de la mañana hasta las once de la noche. En la primera semana le entregué 15 mil pesos y la otra 18 mil.

Desde Puebla, en la comodidad de su departamento, Alex recibía cerca de 20 mil pesos semanales y controlaba a sus tres o cuatro víctimas, quienes trabajaban en el mismo hotel e incluso, por momentos, eran amigas.

Rescate

Como se ha comentado en este libro, Tlaxcala reúne a las principales familias y redes de tratantes que operan en todo el país y, por ello, es uno de los puntos cruciales para acabar con la trata de personas en México; sin embargo, en el

Distrito Federal se concentran el mayor número de lugares de explotación sexual, no sólo callejones y hoteles en zonas como La Merced o la avenida Sullivan, sino giros negros y casas de citas.

El gobierno de dicha entidad ha hecho operativos exitosos donde le han dado prioridad al rescate de las víctimas y, en una redada de operación, *Neli* fue rescatada por la Procuraduría General de Justicia.

—Como en el callejón ya se sospechaba que iba a haber un operativo, las *madrotas* les pidieron a todas las menores de edad que se regresaran a sus casas. Yo me quedé y fue cuando me rescataron.

El terror psicológico y el supuesto enamoramiento de las víctimas las imposibilita a denunciar y confesar que les han obligado a llevar esa vida, inclusive, algunas desconocen que lo que sus parejas les decían que hicieran fuera un delito.

—En la primera denuncia no dije la verdad, porque Alex me había amenazado de que cuando me llevaran en un operativo, yo dijera que no tenía dinero ni *padrote* y que me prostituía por necesidad.

Sin embargo, el apoyo psicológico y legal que ofrecen algunas asociaciones civiles ha permitido que las víctimas se reconozcan como sobrevivientes.

—En el proceso legal y después de que *Rosaura*, quien también era víctima de Alex, confesara su historia, yo ya no pude seguir mintiendo. Ahí en la cámara de Gessel, lo reconozco y me doy cuenta que el mismo discurso que me dio para convencerme se lo dijo a otras. Eso me dolió muchísimo.

Quien se hacía llamar Alex, está en el Reclusorio Varonil Oriente bajo el delito de lenocinio, ya que la Ley de Trata de 2012 todavía no había sido promulgada. Por su parte, *Lucy* está recluida en el Reclusorio de Santa Martha.

Y desde aquel proceso legal, *Neli* vive bajo amenaza de muerte, junto con su familia, por haber denunciado.

—Como la familia de Alex conoce a la mía, yo no puedo verla. Para mí es muy difícil esa situación, pero lo es más la desconfianza hacia los hombres que me dejó. Hasta ahora no me he enamorado y ni lo quiero hacer. Sé que Dios me va a mandar al indicado.

Sin embargo, aquel infierno que pasó no le ha impedido perseguir sus sueños.

—Quiero terminar mi carrera en administración de empresas, tener mi casa, un carro y, ¿por qué no? Una red de hoteles. Creo que por mi seguridad me convendría vivir en otro país, pero jamás se me olvidará lo que la Fundación ha hecho por mí y, por ello, quisiera poder apoyar a esta y a otras.

La vida toma su curso...

Después de casi cuatro años de su rescate, *Neli* tiene la vida que por un tiempo le arrebataron. Jamás dejó de soñar en convertirse en una profesionista y tener su propio negocio y hoy, con pequeños pasos, pero firmes, está por cumplir esas aspiraciones.

Sentada de frente, me cuenta el trámite que acaba de realizar ante el Instituto Mexicano de la Propiedad Industrial (IMPI): "Un compañero de mi trabajo y yo queremos poner una cadena de restaurantes, hemos acordado, por contrato, una serie de obligaciones y derechos que debemos de cumplir al pie de la letra. Él no puede tomar una decisión sin antes consultármela y viceversa. Seremos socios de un grupo empresarial", explica y sonríe orgullosa de todos sus planes a uno, dos, tres, cinco y hasta diez años.

Actualmente, cursa el sexto semestre de la carrera de administración y reconoce que en este tiempo, a través de diversas prácticas y oportunidades, cree fervientemente en las oportunidades que ofrecen el emprendedurismo y el mundo de los negocios.

"Me gustan mucho los libros de Robert Kiyosaki. *Padre rico, padre pobre* y *El cuadrante del flujo del dinero* me han enseñado a ver la vida de otra manera", comenta.

Además, trabaja desde hace tres años en una incubadora de negocios: "Al principio me equivocaba a cada rato. No tenía idea de cómo hacer muchas cosas, pero hoy las cosas son distintas", confiesa.

Después de su rescate y el proceso de atención psicológica por parte de la Fundación Camino a Casa, *Neli* comenta que realizó prácticas profesionales en hotelería y turismo durante seis meses, a través del programa que ofrece Fundación Infantia de Rosa Martha Brown, que se llama Youth Career Initiative y recibió mucho apoyo de la Fundación Reintegra.

"Aprendí muchísimo de mí, de lo que quería en un futuro, pero sobre todo me encauzó en lo que soy hoy", asegura.

En cada etapa ha sentido una leve curva de aprendizaje: "En la escuela había unas materias que me costaban más trabajo que otras, al igual que en mis primeros meses en la incubadora", confiesa, pero después de todo lo que ha atravesado ningún obstáculo le parece imposible.

"Quiero viajar mucho, como hace poco que pude conocer Israel, quisiera estudiar en otro país y sé que lo voy a hacer, porque mi universidad me ofrece intercambios. También me quiero casar en unos años, comprar mi casa y mi carro, pero sobre todo, tener varios restaurantes", expresa emocionada.

Neli vive con otras "supervivientes" de trata y disfruta convivir con ellas, algunas estudian al igual que ella y, otras más, han seguido con su vida. Algunas ya han viajado a Nueva York, Washington, Londres, al Vaticano y a diferentes puntos de la República Mexicana.

"*Daniela* se casó y tiene a una bebé preciosa, *Pamela* vive con su familia y continuó sus estudios, mientras que *Rosaura* es feliz con su novio", platica... Al fin y al cabo, la vida toma su curso.

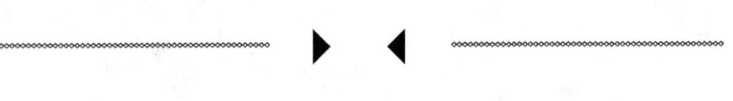

Anexos

La trata de personas

Cuando se terminó de escribir este libro, nos encontramos en una de las peores crisis de nuestra hermosa y rica nación, un momento que ninguna familia merece, un estigma que México y los mexicanos NO DEBEMOS SUFRIR.

No hay duda de que es una crisis por la falta de valores, sí, pero aún peor, que esto es el hecho de que nos hemos deshumanizado.

Globalmente se le da más valor a objetos que a personas; muchas políticas públicas se establecen para generar "riqueza", sin considerar que la mayor riqueza es cada uno de los habitantes, cada uno de los valiosos seres humanos que tienen dones y talentos irrepetibles, y que NO merecen ser maltratados.

Aun las políticas encaminadas a la protección de los seres humanos suelen ser discriminatorias. En México se avanza con recursos contra el secuestro, mas no igual contra la trata. ¿Acaso los hijos de quienes tienen recursos para pagar el rescate valen más que los hijos de quienes pagan con su vida, con su cuerpo, un rescate que podría llevar años antes de ver la libertad o la muerte?

Cuando alguien sufre secuestro es terrible el sufrimiento, el cual no le deseamos a nadie, pero generalmente tienen "algo" con que pagar y, posteriormente, un largo camino para recuperarse.

Debemos comprender que quien sufre la desaparición de un hijo o una hija generalmente no tiene nada y, después, es casi imposible recuperarse del dolor y muchas veces de tanta deuda, al buscar por todo el país a sus hijos.

Su pobreza no sólo resulta ser económica, pues tampoco cuentan con las redes sociales, culturales ni económicas para enfrentar esa situación.

Los hijos raptados para esclavitud no son vistos como "alguien", por el contrario son convertidos en "algo" que se vende y se compra.

Los padres que pierden a sus hijos e hijas ya nada tienen que perder, fácilmente cruzan la línea buscando respuesta en grupos delincuenciales.

Las víctimas que fueron tratadas como esclavos se quieren morir, algunos adquieren adicciones y se suicidan lentamente. Su recuperación, generalmente, lleva años y tiene costos muy elevados. Las víctimas agresivas pueden convertirse en victimarios, algunas terminan siendo crueles *madrotas*.

¿Nos extraña el deterioro de un país que tendría el potencial de ser una potencia mundial? ¿Nos extraña la violencia que se está generando?

Este libro es un clamor a la nación, a las autoridades federales, a aquellos legisladores responsables y honestos, para que seamos conscientes de lo valiosos que son los tlaxcaltecas, quienes merecen que todos esos cobardes que esclavizan personas sean llevados a la cárcel y se proteja a las nuevas generaciones.

Explotación sexual es un libro con herramientas, con testimonios, para que los padres conozcan cómo operan esos delincuentes y puedan proteger mejor a sus hijos. El libro pretende lograr en los jóvenes una mentalidad de respeto absoluto al prójimo.

Esta crisis comenzará a solucionarse, cuando cada mexicano comprenda su origen singular y trascendencia eterna, cuando cada uno se respete a sí mismo y de igual forma a sus semejantes. Nadie merece vivir como esclavo.

Dedicatoria y agradecimientos en "cuasi orden alfabético"…

Dedico primeramente este libro a *Neli, Daniela, Pamela y Rosaura*, jóvenes a quienes admiro por su fuerza para salir adelante, su anhelo de ayudar a otras y, por ello, toda ganancia o regalía de este libro será utilizada en su totalidad en la reintegración de víctimas a la sociedad.

Dedico también este libro a todas las personas buenas y trabajadoras que viven en Tlaxcala, que son la mayoría y no merecen estar en riesgo o ser estigmatizadas por este problema. En especial, a las organizaciones de la sociedad civil que han arriesgado tanto luchando contra las mafias, aquellas que han ensuciado el nombre de un estado tan bello y tan lleno de riqueza humana y cultural. La mayoría de los habitantes de Tlaxcala son personas que están cansadas de esas familias dedicadas a la trata de personas.

Tlaxcala

Agradecemos y admiramos a organizaciones impulsoras de la Iniciativa Popular contra la Trata de Personas en Tlaxcala: 1, 2, 3 Por ti, Por él, Por Todos, A. C.; Casa de Promoción Social Presentación, A. C.; Centro de Desarrollo Educativo Zacatelco; Centro de Economía Social "Julián Garcés"; Centro "Fray Julián Garcés" Derechos Humanos y Desarrollo Local, A. C.; Colectivo Mujer y Utopía, A. C.; Comité de Derechos Humanos "Luis Munive y Escobar" de Atlihuetzía; Comité de Promotoras de los Derechos Humanos de las Mujeres "Luz y Vida" de Calpulalpan; Comité de Derechos Humanos "Solidaridad" de Huiloapan; Comité de Derechos Humanos "Jicotes" de Xicohtzinco; Comité de Derechos Humanos "Semillas de Esperanza" de Tenanyecac; Comité de Derechos Humanos "San Juan Bautista" de Atlangatepec; Comité de Derechos Humanos "Santiago Fe y Obras" de Michac; Comité de Derechos Humanos "Nueva Humanidad a la Luz del Evangelio" de Santa Úrsula; Comité Juvenil de Derechos Humanos de Papalotla; Comité de Derechos Humanos "La Luz de la Esperanza" de Sanctórum; Comité de Derechos Humanos "Vida y Esperanza" de Huactzingo; Coordinadora por un Atoyac con Vida; Grupo Interdisciplinario para la Formación y el Apoyo Comunitario; Instituto Superior de Enseñanza e Investigación en Sexología Educativa y Clínica, A. C. (Issex); iip-soculta-cafami; Mujeres en Lucha por la Dignidad; Organización Democrática Bases Populares y Profesionistas Unidos de Tlaxcala, A. C.; gracias a investigadores como Oscar Montiel y Patricia Olamendi, Julio Guillén, Ibette Estrada, Samuel González Ruiz, que han arriesgado la vida denunciando lo que pasa en este estado.

A legisladoras de Tlaxcala como Martha Palafox, Lorena Cuéllar y Aurora Aguilar, que han sido sensibles y cercanas a la sociedad civil. Y por supuesto reconocemos que, aunque falta mucho para erradicar este delito en Tlaxcala, el gobernador Mariano González Zarur es el primero en distinguir el problema y hacer algo para solucionarlo a través de la procuradora general de Justicia del Estado, Alicia Fragoso.

Estoy convencida que ser agradecida es indispensable en la vida y más aún cuando consideramos que cada persona es importante y sus dones son necesarios para lograr la meta: acabar con la esclavitud en México. La trata de personas es ESCLAVITUD.

Aliados internacionales

En el ámbito internacional agradecemos a Mike y Cindy Jacobs por haberme animado a tomar esta responsabilidad que tiene una trascendencia eterna.

A Juanita Cercone quien desde Costa Rica ha logrado unir contra la trata a todas las *Mujeres Déboras* que han tomado este reto de acabar con la esclavitud en sus naciones.

A mi amiga y hermana Alicia Peressutti, quien coordina con la Academia Pontificia de las Ciencias el Simposio

Vaticano, donde cientos de jóvenes como Pietro, su hijo, y de diferentes comunidades de fe y diversos países, se han convertido en activistas contra la esclavitud.

A mi querida Luciana Maza Toimil que coordina Medios Lentos, portal de noticias para América Latina.

A Loida Muñoz quien está siempre pendiente de México desde España, con su organización Fin de la Esclavitud.

A Mike Poulin que desde Canadá ha venido a apoyar con valores que transforman y nos dan libertad.

A nuestro querido Jerry Anderson de Misión Carácter en Berlín, Ohio.

A los amigos de Chick Fil A y WinShape que cada año vienen a México a remodelar y reparar las casas refugio de víctimas de trata.

A Erica Greve y el equipo de Unlikely Heroes en Los Ángeles, California, por apoyar con tanto amor a las pequeñas.

A los coordinadores de Casa Sobre la Roca en Burbank, California, Paco y Paty Jiménez.

A Soraya Ontiveros y Becky Keenan en Houston, Texas.

A Sophie Hayes y su Fundación en Londres, Reino Unido.

A José y Michel Mayorquín en San Diego, California.

A Shadia Farah en Colombia por venir a México a dedicar tanto tiempo a las víctimas.

A César y Claudia Castellanos gracias por habernos permitido aprender de su gran ejemplo en Colombia.

A los doctores Idilio y Maruca Pardillo por llevar las buenas noticias a tantas partes del mundo y tomar tiempo para ayudarnos.

A Christine Caine y todo el equipo de A21, especialmente a Annie Kardas en Grecia.

A los amigos de Operación Bendición en Virginia, EUA, y en México.

A Monique Villa, CEO de la Fundación Thomson Reuters por apoyar cada año a supervivientes y activistas contra la trata en el evento Trust Women Conference en Londres, Reino Unido.

A Ané Auret de Global Online Counter Child Trafficking Conference por ser un vínculo internacional en el tema de trata de personas.

Al embajador de los Estados Unidos, Anthony Wayne, quien ha sido un hombre con el espíritu de Abraham Lincoln, y a su esposa Pam que ha tomado varias veces el tiempo para acompañar a otras esposas de embajadores y convivir con las sobrevivientes.

Al embajador de Reino Unido, Duncan Taylor, por elegir un refugio de trata de personas para la visita de la duquesa de Cornwell. Fue un momento especial.

Reconocemos a la ONU en México por el énfasis en ayudar a las víctimas. Ban Ki-Moon, secretario general de Naciones Unidas, al conmemorar por primera vez el Día Mundial de la ONU contra la Trata de Personas señaló:

"Abramos los ojos ante este delito y abramos nuestros corazones a las víctimas. Ha llegado el momento de decir no a la trata de seres humanos".

En México los admirables representantes de la ONU como Antonio Luigi Mazzitelli, con quien hemos trabajado codo a codo las campañas de Corazón Azul, muchas gracias también a su excelente equipo, Mariana Alegret, Víctor Hugo Aguirre, Nayeli Sánchez y Felipe de la Torre.

Nuestro reconocimiento también al representante en México del alto comisionado de las Naciones Unidas, Javier Hernández Valencia y a Ana Güezmez, representante de ONU Mujeres en nuestro país.

La ONU a través de la Oficina de las Naciones Unidas contra la Droga y el Delito estableció parámetros muy claros y sencillos para el reconocimiento de autoridades basados en el Protocolo de Palermo: PREVENCIÓN, PROTECCIÓN y PERSECUCIÓN.

Y a estos lineamientos nos referimos a continuación para reconocer el trabajo de autoridades y sociedad civil.

Muchas de las campañas de PREVENCIÓN se realizaron con "Un Billón de Pie", por lo que agradecemos a Eve Ensler por nombrarnos a Andrés Naime y a mí coordinadores de este movimiento en México y a todos los medios de comunicación que han sido tan solidarios con esta campaña.

Del quehacer público

Al agradecer a personas en la política, quisiera dejar muy en claro lo que he dicho varias veces en medios: hasta el día de hoy, la mayoría de personas somos voluntarios, no recibimos sueldo y de nuestro propio bolsillo pagamos la mayoría de viáticos cada día. Las ONG que apoyo no reciben recursos públicos en la lucha contra la trata de personas y aún las regalías de este libro serán para las víctimas.

Al agradecer a gobernadores y autoridades que hacen algo en contra de la trata, esperamos que estimule a otros a levantarse contra esta injusticia social. No podemos solamente criticar, debemos reconocer también.

Agradezco infinitamente al ex presidente Felipe Calderón Hinojosa y a su esposa Margarita Zavala Gómez del Campo por haber apoyado al iniciar esta lucha contra la trata de personas y al presidente Enrique Peña Nieto y a cada gobernador que ha perseguido el delito, que permite continuar avanzando y lograr así que nuestro país hoy sea el líder en sentencias de todo Iberoamérica, con más de 250 sentencias, dato proporcionado por la directora general de Estrategias de Atención en materia de Derechos Humanos, Dra. Yessenia Mercedes Peláez Ferrusca, de la Secretaría de Gobernación el 24 de septiembre de 2014 en el programa Expediente INACIPE, comparándonos con España, por ejemplo, que solo tiene 12 sentencias.

Ciudad de México

Un especial reconocimiento merece el Dr. Miguel Ángel Mancera Espinosa, en los tres ejes que marca el protocolo de Palermo: PROTECCIÓN, la Ciudad de México se destaca en rescatar a las víctimas y lograr su exitosa reintegración a la sociedad; varias de las jóvenes que un día rescató el Dr. Mancera como procurador hoy son empresarias, estudiantes en universidades prestigiadas y exitosas activistas internacionales.

La Ciudad de México también se destaca por la PERSECUCIÓN, donde reconocemos todo el trabajo de la Procuraduría encabezada por el procurador Rodolfo Ríos, la fiscal Juana Camila Bautista y todo su equipo. #CDMXejemploVsTrata cuenta con 85 sentencias. Gracias a los jueces dirigidos por el presidente del Tribunal Édgar Elías por ser sensibles al dolor de quienes fueron esclavizadas. Gracias Meyer Klip y al equipo del INVEA por cuidar que ningún establecimiento sea lugar de esclavitud. Gracias Yasmín Esquivel Mossa, presidenta del Tribunal de lo Contencioso Administrativo del D. F., por ser firme en mantener cerrados los giros negros, donde tantas víctimas fueron humilladas.

Muchas gracias a todos los secretarios y secretarias y al procurador Rodolfo Ríos Garza que han participado cada año en la campaña de PREVENCIÓN "Un Billón de Pie".

Y especial reconocimiento al Secretario de Gobierno Héctor Serrano y al sub-secretario de Reclusorios Hazael Ruiz por aplicar el único programa en el mundo de Readaptación de Tratantes con trabajo en Justicia Restaurativa.

Gracias a los ex delegados que afirmaron públicamente que han logrado que su demarcación esté libre de trata, Víctor Hugo Romo de Miguel Hidalgo; Adrián Rubalcava de Cuajimalpa y Víctor Hugo Monterola de Milpa Alta.

Estado de México

Trabajar contra la trata de personas en el Estado de México ha sido una experiencia maravillosa pues se trabaja en orden, armonía y con un trato digno. Agradezco con mucho aprecio al Dr. Eruviel Ávila por iniciar un movimiento contra la esclavitud en las tres áreas:

PREVENCIÓN, más de 20 mil personas capacitadas para multiplicar este conocimiento en sus colonias, escuelas, trabajos, familias y campañas permanentes que continúan efectuándose en el estado. Muchas gracias a Mercedes Colín y todo el maravilloso equipo de Consejo Estatal de la Mujer y Bienestar Social.

PERSECUCIÓN, 12 sentencias, la primera por mendicidad forzosa y el cierre de más de mil doscientos giros negros. Profundo agradecimiento al secretario de Salud César Normar Gómez Monge, al procurador Alejandro Gómez, a la sub-procuradora Dilcya García Espinosa de los Monteros, a la directora de Atención a Víctimas, Marcela Mora y a la fiscal Guillermina Cabrera.

PROTECCIÓN, en el Estado de México protegen a las víctimas ayudándoles a REINTEGRARSE con éxito a la sociedad. Y sobre todo, una disposición absoluta para trabajar hasta erradicar este delito y evitar que más personas sufran o desaparezcan.

En esta entidad hemos conocido a personas sensibles y comprometidas contra esta forma de esclavitud como Ernesto Millán, un hombre que cuida de importantes detalles para que el Estado de México avance; gracias a Fidel Merlos por toda su ayuda.

Gracias a la ex presidenta municipal de Toluca Martha Hilda González Calderón y a muchos otros presidentes municipales que han realizado campañas de prevención. Gracias a Isis Ávila, presidenta de DIFEM, quien impulsó que el cambio debe ser también cultural y por ello apoyo en forma contundente la campaña de Eve Ensler "Un Billón de Pie", que proyecta al bello Estado de México y lo transforma para ser un gran ejemplo en el mundo. Gracias a Rosalinda Elizabeth Benítez por su apoyo desde la Secretaría de Turismo, fue increíble bailar *Rompe las cadenas* en los Pueblos Mágicos.

Gracias a todos los diputados de la LVII Legislatura por armonizar la ley, en especial a Leticia Zepeda Martínez, Adriana de Lourdes Hinojosa Céspedes, Ana Yurixi Leyva Piñon, María Teresa Garza Martínez y Dora Elena Real Salinas.

Gran admiración por senadoras sensibles y cercanas a la sociedad civil, Ana Lilia Herrera Azaldo y María Elena Barrera Tapia.

Gracias a la consejera jurídica Luz María Zarza Delgado por su sensibilidad y profesionalismo.

Baja California

Hermoso estado del norte. Reconocemos el trabajo del gobernador Francisco Vega, quien fuera mi compañero en la

LXI Legislatura, hoy quien impulsa el trabajo en los tres ejes rectores del protocolo de Palermo.

PERSECUCIÓN, se tienen siete sentencias gracias a una excelente procuradora, Perla del Socorro Ibarra Leyva, y su antecesor Rommel Moreno Manjarrez. Hoy son equipo muy comprometido con el subprocurador José María González Martínez y el Fiscal Héctor Alejandro Orozco Alvarado.

PROTECCIÓN, se atienden víctimas de manera especializada con el apoyo de una heroína que admiro mucho: Alma Tucker, de la Red Binacional de Corazones, ONG que está transformando valiosas vidas de niñas que un día fueron despreciadas, vendidas, violadas y hoy son valientes mujeres llenas de sueños.

PREVENCIÓN, se llevan a cabo campañas de manera constante de mano de la sociedad civil y, en 2015, se adoptó la campaña "Un Billón de Pie".

Chiapas

En Chiapas encontramos también un trabajo muy destacado, gracias al gobernador Manuel Velasco.

PERSECUCIÓN, Chiapas es el estado con más número de operativos y el segundo en sentencias, 56, el procurador Raciel López cuida constantemente que el personal avance con capacitaciones contra el delito, lo mismo que las campañas de PREVENCIÓN.

En este hermoso estado, agradecemos también al gobernador Manuel Velasco y a cada diputado y diputada

141

que votaron para cerrar los lugares de esclavitud en los que seres humanos sufren explotación.

Coahuila

Uno de los gobernadores a quien ofrecemos un muy amplio reconocimiento también es a Rubén Moreira Valdez —y a su señora esposa Carolina Viggiano— ya que como presidente de la Comisión de Derechos Humanos en la Cámara de Diputados, su actuación fue pieza clave para lograr la ley vigente y, actualmente, como gobernador, ha logrado ya en el tema de la PERSECUCIÓN el cierre de todos los giros negros y lugares donde pudiera existir el delito.

Recientemente el procurador Homero Ramos ha realizado investigaciones que han permitido operativos exitosos, como el caso en Monclova donde menores de edad fueron rescatadas.

Agradecemos la congruencia que ha mostrado el alcalde de Saltillo, Isidro López, al mantener cerrados los giros negros y los lugares donde puede darse esclavitud. De igual modo agradecemos al alcalde Miguel Ángel Riquelme Solís (compañero de la LXI Legislatura) por PREVENIR y PERSEGUIR el delito en su demarcación.

Agradecemos a Luz Elena Morales, secretaria de las Mujeres, por los valiosos esfuerzos para la PREVENCIÓN de estos delitos, lo mismo que a Jaime Bueno, director general del DIF, a Alfonso Yáñez y Dulce Pereda, por su gran compromiso en una lucha donde Coahuila ha ido poniendo ejemplo.

Reconocemos el gran esfuerzo que han realizado para prevenir el delito a través del cambio cultural que produce la campaña "Un Billón de Pie". Admirable que en 2015 se lograra bailar la coreografía en 20 municipios y más de 500 escuelas.

Quintana Roo

Un aliado desde la Cámara de Diputados fue Roberto Borge, un gobernador que ha impulsado la armonización de la legislación estatal con la Ley General y que ha sido solidario con la campaña de prevención de "Un Billón de Pie" y otros foros de mano de la sociedad civil. Agradecemos a su esposa Mariana Zorrilla, a la titular del Instituto Quintanarroense de las Mujeres, Blanca Pérez Alcalá y a la diputada local Susana Hurtado por su gran compromiso.

Cada año las campañas de PREVENCIÓN son impresionantes y en 2015 el evento "Un Billón de Pie" se llevó a cabo en tres ciudades, Cancún, Playa del Carmen y Chetumal, miles bailaron contra la violencia y contra la esclavitud.

Yucatán

En el estado más pacífico del país se ha solidarizado el gobernador Rolando Zapata, quien fue compañero de la

LXI Legislatura pero además fue integrante de la Comisión Especial de Lucha contra la Trata. Nos da gusto que haya designado a una mujer sensible al tema y a las víctimas, la fiscal Celia María Rivas. En Yucatán debemos reconocer que se han realizado diversas campañas de sensibilización y PREVENCIÓN destacándose por traducir, junto con la CNDH, la Ley al Maya, lo mismo que diversos folletos de información.

Yucatán cuenta con PROTECCIÓN a víctimas aunque aún no es de manera especializada; el esfuerzo, sin embargo, ha dado buenos resultados por la supervisión y trabajo en equipo de autoridades y sociedad civil.

Es admirable ver la participación de la sociedad civil en este estado, tal vez es por ello que es uno de los que cuentan con menos crimen y donde sus habitantes viven en paz.

Veracruz

En Veracruz se iniciaron ya los trabajos en el tema de PREVENCIÓN con un foro donde se le dio un reconocimiento especial a Norma Bastidas, quien siendo víctima de trata se levantó hasta lograr romper el Récord Guiness y lograr una hazaña en el triatlón más largo del mundo que comenzó en Cancún y terminó 65 días después en Washington, D. C.

Agradecemos la buena disposición de la Fiscalía para trabajar de mano de sociedad civil y el trabajo que se está estableciendo para PREVENCIÓN con la campaña "Un Billón de Pie" en las escuelas.

Trabajo legislativo

Muy especial agradecimiento a Manlio Fabio Beltrones, quien en su momento siendo senador presentó el 3 de agosto del 2011 la iniciativa de la Ley General para Prevenir, Sancionar y Erradicar los Delitos en materia de Trata de Personas y para la Protección y Asistencia a las Víctimas de estos Delitos; el hoy diputado y coordinador del PRI subió a tribuna para presentar esta iniciativa junto con 104 legisladores de todos los partidos políticos, a él debemos agradecer también que no se permitieron retrocesos a esta ley.

Y también agradecimiento especial al diputado Fernando de las Fuentes a quien el diputado Beltrones comisionó el tema en la LXII Legislatura, a Mapy Orellana, su asesora estrella y a Juanita.

Gracias a mis compañeros de la LXI Legislatura, transcribo aquí TODOS los nombres, toda vez que tuvimos votación unánime y cada uno votó por un México sin esclavitud, por un México sin trata. A ellos, a mis compañeros, TODO mi aprecio y admiración.

A

Aarón Irizar López; Adán Augusto López Hernández; Adolfo Rojo Montoya; Adriana de Lourdes Hinojosa

145

Céspedes; Adriana Fuentes Cortés; Adriana Sarur Torre; Adriana Terrazas Porras; Agustín Castilla Marroquín; Agustín Guerrero Castillo; Agustín Torres Ibarrola; Alba Leonila Méndez Herrera; Alberto Cinta; Alberto Esquer Gutiérrez; Alberto Jiménez Merino; Alejandra Noemí Reynoso Sánchez; Alejandro Bahena Flores; Alejandro Cano Ricaud; Alejandro Carabias Icaza; Alejandro del Mazo Maza; Alejandro Encinas Rodríguez; Alejandro Gertz Manero; Alfonso Navarrete Prida; Alfonso Primitivo Ríos Vázquez; Alfredo Francisco Lugo Oñate; Alfredo Javier Rodríguez Dávila; Alfredo Villegas Arreola; Alicia Elizabeth Zamora Villalva; Álvaro Raymundo Vargas Sáenz; Amador Monroy Estrada; Ana Elia Paredes Arciga; Ana Estela Durán Rico; Ana Luz Lobato Ramírez; Andrés Aguirre Romero; Andrés Massieu Fernández; Ángel Aguirre Herrera; Antonio Arámbula López; Antonio Benítez Lucho; Aránzazu Quintana Padilla; Ardelio Vargas Fosado; Ariel Gómez León; Armando Corona Rivera; Armando Jesús Báez Pinal; Armando Neyra Chávez; Arturo García Portillo; Arturo Ramírez Bucio; Arturo Santana Alfaro; Arturo Torres Santos; Arturo Zamora Jiménez; Augusta Valentina Díaz de Rivera; Avelino Méndez Rangel.

B

Balfre Vargas Cortez; Baltazar Martínez Montemayor; Beatriz Paredes Rangel; Bélgica Nabil Carmona Cabrera;

146

Benigno Quezada Naranjo; Benjamín Clariond; Bernardo Téllez Juárez; Blanca Estela Jiménez Hernández; Blanca Juana Soria Morales; Bonifacio Herrera Rivera.

C

Camilo Ramírez Puente; Canek Vázquez Góngora; Carlos Alberto Ezeta Salcedo; Carlos Alberto Pérez Cuevas; Carlos Bello Otero; Carlos Cruz Mendoza; Carlos Flores Rico; Carlos Joaquín González; Carlos Luis Meillon Johnston; Carlos Martínez Martínez; Carlos Oznerol Pacheco Castro; Carlos Samuel Moreno Terán; Carolina Gudiño Corro; Carolina Viggiano Austria; Cecilia Arévalo Sosa; César Augusto Santiago; César Daniel González Madruga; César Francisco Burelo Burelo; César Mancillas Amador; César Nava Vázquez; César Octavio Madrigal Díaz; César Octavio Pedroza Gaitán; Clara Gómez Caro; Claudia Edith Anaya Mota; Claudia Ruiz Massieu Salinas; Cora Cecilia Pinedo; Alonso Cristabell Zamora; Cabrera Cristina Díaz Salazar; Cruz López Aguilar; Cuauhtémoc Gutiérrez de la Torre; Cuauhtémoc Salgado Romero.

D

Daniel Ávila Ruiz; Daniel Granja Peniche; Daniela Nadal Riquelme; David Hernández Pérez; David Hernández

Vallín; David Penchyna Grub; David Ricardo Sánchez Guevara; Delia Guerrero Coronado; Diana Patricia González Soto; Diego Guerrero Rubio; Dina Herrera Soto; Diva Hadamira Gastélum Bajo; Dolores Nazares Jerónimo; Domingo Rodríguez Martell; Dora Eveleyn Triguera Duron.

E

Edgardo Melhem Salinas; Eduardo Bailey Elizondo; Eduardo Mendoza Arellano; Eduardo Robles Medina; Eduardo Yáñez Montaño; Eduardo Zarzosa Sánchez; Efraín Aguilar Góngora; Elia Blanco Sánchez; Elpidio Concha Arellano; Elsa María Martínez Peña; Elvia Hernández García; Emiliano Velázquez Esquivel; Emilio Chuayffet; Emilio Mendoza Kaplan; Emilio Serrano Jiménez; Enoé Uranga Muñoz; Enrique Ibarra Pedroza; Enrique Octavio Trejo Azuara; Enrique Salomón Rosas; Enrique Torres Delgado; Eric Rubio Barthell; Ernesto de Lucas Hopkins; Esteban Albarrán Mendoza; Esthela Damián Peralta; Esthela de Jesús Ponce Beltrán; Eva Sylvia Guerrero García; Ezequiel Rétiz Gutiérrez.

F

Fausto Sergio Saldaña del Moral; Federico Ovalle Vaquera;

148

Feliciano Rosendo Marín Díaz; Felipe Amadeo Flores Espinosa; Felipe Borja Texocotitla; Felipe de Jesús Cantú Rodríguez; Felipe de Jesús Rangel Vargas; Felipe Enríquez Hernández; Felipe Solís Acero; Fermín Alvarado Arroyo; Fermín Montes Cavazos; Fernando Ferreyra Olivares; Fernando Morales Martínez; Fernando Santa María Prieto; Fidel Kuri Grajales; Filemón Navarro Aguilar; Florentina Rosario Morales; Francisco Armando Meza Castro; Francisco Espinosa Ramos; Francisco Hernández Juárez; Francisco Herrera Jiménez; Francisco Javier Landero Gutiérrez; Francisco Javier Orduño Valdez; Francisco Javier Ramírez Acuña; Francisco Javier Salazar Sáenz; Francisco Lauro Rojas San Román; Francisco Moreno Merino; Francisco Ramos Montaño; Francisco Rojas Gutiérrez; Francisco Saracho Navarro; Francisco Vega de Lamadrid.

G

Gabriela Cuevas Barrón; Gastón Luken Garza; Genaro Mejía de la Merced; Georgina Trujillo Zentella; Georgina Zapata Lucero; Gerardo del Mazo Morales; Gerardo Fernández Noroña; Gerardo Leyva Hernández; Germán Contreras García; Gloria Romero León; Gloria Trinidad Luna Ruiz; Gregorio Hurtado Leija; Guadalupe Acosta Naranjo; Guadalupe Pérez Domínguez; Guadalupe Valenzuela Cabrales; Guadalupe Vera Hernández; Guillermina Casique Vences; Guillermo Cueva Sada; Guillermo Márquez Lizalde; Guillermo Ruiz de Teresa;

149

Guillermo Zavaleta Rojas; Gumercindo Castellanos Flores; Gustavo González Hernández.

H

Héctor Barraza Chávez; Héctor Eduardo Velasco Monroy; Héctor Fernández Aguirre; Héctor Guevara Ramírez; Héctor Hernández Silva; Héctor Hugo Hernández Rodríguez; Héctor Pablo Ramírez Puga; Héctor Pedraza Olguín; Héctor Pedroza Jiménez; Heladio Verver y Vargas Ramírez; Heliodoro Díaz Escárraga; Heriberto Ambrosio Cipriano; Hernán de Jesús Orantes López; Herón Escobar García; Hilda Ceballos Llerenas; Hugo Héctor Martínez González; Humberto Benítez Treviño; Humberto Lepe Lepe.

I

Ifigenia Martínez; Ignacio Pichardo Lechuga; Ignacio Rubí Salazar; Ignacio Téllez González; Ildefonso Guajardo Villarreal; Ilich Augusto Lozano Herrera; Indira Vizcaíno Silva, Inocencio Ibarra Piña; Iridia Salazar Blanco; Isabel Pérez Santos; Isaías González Cuevas; Israel Madrigal Ceja; Israel Reyes Ledesma Magaña; Ivideliza Reyes Hernández.

J

Jaime Álvarez Cisneros; Jaime Arturo Vázquez Aguilar; Jaime Cárdenas Gracia; Jaime Flores Castañeda; Jaime Oliva Ramírez; Janet González Tostado; Javier Corral Jurado; Javier Duarte de Ochoa; Javier Gil Ortiz; Javier Usabiaga Arroyo; Jeny de los Reyes Aguilar; Jesús Alberto Cano Vélez; Jesús Gerardo Cortez Mendoza; Jesús Giles Sánchez; Jesús Ramírez Rangel; Jesús Ricardo Enríquez Fuentes; Jesús Rodríguez Hernández; Joann Novoa Mossberger; Joel González Díaz; Jorge Alberto Juraidini Rumilla; Jorge Arana Arana; Jorge Carlos Ramírez Marín; Jorge Franco Vargas; Jorge González Ilescas; Jorge Hernández Hernández; Jorge Humberto López Portillo Basave; Jorge Kahwagi; Jorge Rojo García de Alba; Jorge Romero Romero; José Alberto González Morales; José Alfredo Torres Huitrón; José Antonio Aysa Bernat; José Antonio Yglesias Arreola; José del Pilar Córdova Hernández; José Encarnación Uribe Pozos; José Erandi Bermúdez Méndez; José Francisco Rábago Castillo; José Francisco Yunes Zorrilla; José Gerardo de los Cobos Silva; José Ignacio Seara Sierra; José Luis Aispuro Funes; José Luis Íñiguez Gámez; José Luis Jaime Correa; José Luis Marcos León Perea; José Luis Ovando Patrón; José Luis Soto Oseguera; José Luis Velasco Lino; José Manuel Aguero Tovar; José Manuel Hinojosa Pérez; José Manuel Marroquín Toledo; José María Valencia Barajas; José Narro Céspedes; José Ramón Martel; José Tomás Carrillo Sánchez; José Torres Robledo; José Trinidad Padilla López; Josefina Vázquez Mota; Josué Cirino Valdés Huezo; Juan Carlos Lastiri Quirós; Juan Carlos López Fernández; Juan Carlos Natale López; Juan Gerardo Flores Ramírez; Juan

151

José Cuevas García; Juan José Guerra Abud; Juan Nicolás Callejas Arroyo; Juan Pablo Escobar Martínez; Juan Pablo Jiménez Concha; Juanita Arcelia Cruz Cruz; Julián Nazar Morales; Julián Velázquez Llorente; Julieta Marín Torres; Julio Castellanos Ramírez; Julio Saldaña Morán; Justino Eugenio Arriaga Rojas; Juventino Castro y Castro.

K

Kenia López Rabadán.

L

Laura Arizmendi Campos; Laura Elena Estrada Rodríguez; Laura Elena Ledesma Romo; Laura Felicitas García Dávila; Laura Itzel Castillo; Laura Piña Olmedo; Laura Suárez González; Laura Viviana Agúndiz Pérez; Leobardo Soto Martínez; Leonardo Arturo Gillén Medina; Leoncio Morán Sánchez; Leticia Quezada Contreras; Leticia Robles Colín; Liborio Vidal Aguilar; Liev Vladimir Ramos Cárdenas; Lily Fabiola De la Rosa Cortés; Lizbeth García Coronado; Lorena Corona Valdés; Lucila del Carmen Gallegos Camarena; Luis Alejandro Guevara Cobos; Luis Antonio Martínez Armengol; Luis Carlos Campos Villegas; Luis Enrique Mercado Sánchez; Luis Felipe Eguía Pérez; Luis Félix Rodríguez Sosa; Luis Hernández Cruz; Luis Videgaray Caso.

M

Ma. de Lourdes Reynoso Femat; Ma. Elena Pérez de Tejada Romero; Ma. Teresa Rosaura Ochoa Mejía; Manuel Cadena Morales; Manuel Clouthier Carrillo; Manuel de Esesarte Pesqueira; Manuel García Corpus; Manuel Hinojosa Ochoa; Manuel Humberto Cota Jiménez; Manuel Ignacio Acosta Gutiérrez; Marcela Guerra Castillo; Marcela Torres Peimbert; Marco Antonio García Ayala; Marcos Carlos Cruz Martínez; Marcos Pérez Esquer; Margarita Gallegos Soto; Margarita Liborio Arrazola; María Antonieta Pérez Reyes; María Araceli Vázquez Camacho; María de Jesús Aguirre Maldonado; María de la Paz Quiñones Cornejo; María del Carmen Izaguirre Francos; María del Pilar Torres Canales; María del Refugio Calderón González; María del Rosario Brindis Álvarez; María Dolores del Río; María Estela de la Fuente Dagbug; María Esther Alonzo Morales; María Esther Scherman; María Esther Terán Velázquez; María Felícitas Parra Becerra; María Guadalupe García Almanza; María Hilaria Domínguez Arvizú; María Isabel Merlo Talavera; María Sandra Ugalde Basaldúa; María Yolanda Valencia Vales; Maricela Serrano Hernández; Mario Alberto Becerra Pocoroba; Mario Di Costanzo; Mario Moreno Arcos; Marisela Tinoco Moreno; Martha Angélica Bernardino Rojas; Martha Elena García; Martín Enrique Castillo Ruz; Martín García Avilés; Martín Rico Jiménez; Mary Telma Guajardo Villarreal; Mauricio Toledo Gutiérrez; Maurilio Ochoa Millán; Melchor Sánchez de la Fuente; Mercedes del Carmen Guillén Vicente; Miguel Álvarez Santamaría; Miguel Ángel García Granados; Miguel Ángel Luna Munguía; Miguel Ángel Riquelme

Solís, Miguel Ángel Terrón Mendoza; Miguel Antonio Osuna Millán; Miguel Ernesto Pompa Corella; Miguel Martín López; Miguel Martínez Peñaloza; Mirna Lucrecia Camacho Pedrero.

N

Narcedalia Ramírez Pineda; Nazario Norberto Sánchez; Nelly del Carmen Márquez Zapata; Nicolás Carlos Bellizzia Aboaf; Ninfa Clara Salinas Sada; Noé Fernando Garza Flores; Noé Martín Vázquez Pérez; Norma Leticia Orozco Torres; Norma Leticia Salazar Vázquez; Norma Sánchez Romero.

O

Obdulia Magdalena Torres Abarca; Olga Luz Espinosa Morales; Olivia Guillén Padilla; Omar Fayad; Omar Rodríguez Cisneros; Onésimo Mariscales Delgadillo; Oralia López Hernández; Óscar Aguilar González; Óscar García Barrón; Óscar González Yáñez; Óscar Javier Lara Aréchiga; Óscar Lara Salazar; Óscar Levín Coppel; Óscar Martín Arce Paniagua; Óscar Román Rosas González; Óscar Saúl Castillo Andrade; Ovidio Cortázar Ramos.

P

Pablo Escudero Morales; Pablo Rodríguez Regordos; Patricio Chirinos del Ángel; Paula Angélica Hernández Olmos; Pavel Díaz Juárez; Paz Gutiérrez Cortina; Pedro Ávila Nevárez; Pedro Jiménez León; Pedro Peralta Rivas; Pedro Vázquez González; Perla López Loyo.

R

Rafael Pacchiano Alamán; Rafael Rodríguez González; Rafael Yerena Zambrano; Ramón Jiménez Fuentes; Ramón Jiménez López; Ramón Merino Loo; Ramón Ramírez Valtierra; Raúl Cuadra García; Raúl Domínguez Rex; Reginaldo Rivera de la Torre; Reyes Tamez Guerra; Ricardo Ahued Bardahuil; Ricardo López Pescador; Ricardo Rebollo Mendoza; Ricardo Sánchez Gálvez; Rigoberto Salgado Vázquez; Roberto Albores Gleason; Roberto Gil Zuarth; Roberto Pérez de Alva; Roberto Rebollo Vivero; Rodolfo Lara Lagunas; Rodrigo Pérez Alonso González; Rodrigo Reina Liceaga; Rogelio Cerda Pérez; Rogelio Manuel Díaz Brown; Rolando Bojórquez Gutiérrez; Rolando Zubía Rivera: Rosa Adriana Díaz Lizama; Rosalina Mazari Espín; Rosario Ortiz Yeladaqui; Rubén Arellano Rodríguez; Ruth Esperanza Lugo Martínez.

S

Sabino Bautista Concepción; Salvador Caro Cabrera; Salvador Manzur Díaz; Sami David David; Samuel Herrera Chávez; Sandra Méndez Hernández; Sebastián Lerdo de Tejada Covarrubias; Sergio Ernesto Gutiérrez Villanueva; Sergio Gama Dufour; Sergio González Hernández; Sergio Lobato García; Sergio Lorenzo Quiroz Cruz; Sergio Mancilla Zayas; Sergio Octavio Germán Olivares; Sergio Tolento Hernández; Silvia Esther Pérez Ceballos; Silvia Isabel Monge Villalobos; Silvia Puppo Gastélum; Silvio Lagos Galindo; Sixto Alfonso Zetina Soto; Sofía Castro Ríos; Sofío Ramírez Hernández; Sonia Mendoza Díaz; Susana Hurtado Vallejo.

T

Teresa del Carmen Incháustegui Romero; Teresa Guadalupe Reyes Sahagún; Tereso Medina Ramírez; Tomás Gutiérrez Ramírez; Tomasa Vives Preciado.

U

Uriel López Paredes.

V

Valdemar Gutiérrez Fragoso; Velia Idalia Aguilar Armendáriz; Víctor Alejandro Balderas Vaquera; Víctor Flores Morales; Víctor Hugo Círigo Vázquez; Víctor Manuel Báez Ceja; Víctor Manuel Castro Cosío; Víctor Manuel Kidnie de la Cruz; Víctor Silva Chacón; Vidal Llerenas Morales; Violeta Avilés Álvarez.

W

Wendy Guadalupe Rodríguez Galarza.

Y

Yolanda de la Torre Valdez; Yolanda Montalvo López; Yulenny Cortés León.

Hasta el día de hoy, Manlio Fabio Beltrones, Ricardo Anaya, Agustín Miguel Alonso, Arturo Escobar, Juan Ignacio Samperio, Alberto Anaya y María Sanjuana Cerda, coordinadores de cada grupo parlamentario en la Cámara de Diputados, siguen cuidando que esta ley proteja a los más vulnerables y castigue a los tratantes.

Gracias también a muchos senadores y senadoras responsables que han apoyado de diversas maneras la lucha contra la trata de personas y han estado cercanos a la sociedad:

Armando Ríos Piter; Salvador Vega Casillas; Graciela Ortiz González; Martha Palafox Gutiérrez; Ninfa Salinas Sada; Ricardo Urzúa Rivera; Arely Gómez González, hoy procuradora general de la República; Mario Delgado Carrillo; María Cristina Díaz Salazar; Alejandro de Jesús Encinas Rodríguez; Omar Fayad Meneses; Hilda Estela Flores; Martha Elena García Gómez; Roberto Gil Zuarth; Ana Gabriela Guevara Espinoza; Víctor Hermosillo y Celada; Gabriela Cuevas Barrón; Ana Lilia Herrera Anzaldo; René Juárez Cisneros; César Octavio Pedroza Gaitán; Blanca María del Socorro Alcalá Ruiz.

Los niños y las niñas saben que hay funcionarios comprometidos a protegerles como es el caso de la Secretaría de Turismo, donde se encuentra mi compañera de la LXI Legislatura quien continúa responsablemente la labor que comenzó Gloria Guevara; ahora la secretaria Claudia Ruiz Massieu ha logrado que los 32 estados de la República Mexicana firmen el Código de Conducta para proteger la niñez, muchas gracias a Rosa Martha Brown de Fundación Infantia por su participación en este gran esfuerzo.

En este sexenio del presidente Enrique Peña Nieto hemos encontrado diálogo y hemos comenzado a trabajar de la mano del subsecretario de Derechos Humanos de la Secretaría de Gobernación (Segob), Roberto Campa Cifrián y el comisionado general de la Policía Federal (PF), Enrique Galindo Ceballos. Policía Federal hoy tiene mandos totalmente comprometidos y constantemente rescatan víctimas.

También hemos encontrado en el gobierno federal mujeres sensibles como la procuradora Arely Gómez, la directora del DIF Nacional Laura Vargas y la directora general de Estrategias de Atención en materia de Derechos Humanos, Yessenia Mercedes Peláez Ferrusca.

Gracias también al secretario Alfonso Navarrete Prida por inspeccionar campos agrícolas y detener la explotación de tantos seres humanos valiosos que viven en condiciones análogas a la esclavitud, y gracias por su compromiso para erradicar las peores formas de trabajo infantil; vemos que avanza con paso firme para lograrlo. Nunca olvidaremos que cuando fue legislador junto con Humberto Benítez Treviño, Rubén Moreira y Emilio Chauyfett, apoyaron con contundencia para que hoy tengamos ley.

Medios de comunicación

En otras naciones existe mayor rezago que en México, en especial en el tema de atención a víctimas. Muchos de nuestros avances se los debemos a los medios de comunicación, en esto quisiera reconocer lo que ha hecho la diferencia.

1. En México se han cuidado con gran sensibilidad las historias de cada persona de tal manera que han servido de prevención; han salvado vidas.
2. En muchas ocasiones el trato tan humano y atento ha empoderado a las víctimas. Recuerdo el día que al salir de una de las principales televisoras, *Anita* del libro *Del cielo al infierno en un día* me dijo riendo feliz: "Me siento como una estrella en el anonimato".
3. Los medios de comunicación siempre han actuado con responsabilidad y cuidado al no poner en riesgo a víctimas ni familiares pero sacar a la luz cada historia.

Tenemos grandes aliados pero imposible nombrarlos, en especial los que conocen nuestra lucha desde el primer día. Algunos han conocido por seis años a todas las sobrevivientes y han vivido a nuestro lado alegrías y sin sabores. A ellos, a mis amigos en medios les agradezco hacer visible este crimen y salvar a tantas vidas al prevenirlo.

Agradezco a la sociedad civil por el apoyo total, pues enfrentar mafias que son ya el segundo negocio de la delincuencia cuesta mucho más que solo dinero. Muchas gracias a los consejeros de la Comisión Unidos *vs.* Trata:

Nelly Jiménez O' Farril (Vicepresidenta).
Dr. José Luis Ayoub Pérez (Director general).
Luis Wertman Zaslav
Gloria Guevara Manzo
Alejandro Martí
Gonzalo Espina Miranda
César Daniel González Madruga
Mtra. Leticia Varela
Laura Herrejón
Francisco Rivas
Trixia Valle
Joaquín Quintana
Julio Malvido
Dr. Elías Huerta
Josefina Nava
Patricia Prado
Alma Tucker
Martín Olavarrieta Maldonado

Adriana de la Fuente
Lillie Minor
EduardoAchach
Brenda Rosales de Lohr
Jesús Francisco Lohr Lorenzo
Sophie Hayes
Luciana Mazza
Germán Villar (†)
Madai Morales
Leticia Mora
Elizabeth Martínez
Esmeralda Salinas
Mariana Ruenes
Leticia Salgado
Patricia Anaya
Adriana Páramo
Clemente Cámara
Verónica Flores
Iliana Ruvalcaba
José Manuel Sánchez
René Villar
Sarah Bustani
Gerardo Guillermo Reyes Guízar
Ana La Salvia
Eduardo Barrientos
María Teresa Paredes Hernández
Mariana Villalvazo Martín
Meyer Klip Herbitz
Orlando Camacho

Beatriz Mendivil
Jesús Sesma
Verónica Martínez Sentíes
Cristina Eudave
Karla de la Cuesta
Sherlyn
Gerardo Islas
Alejandra Ambrosi
Francisco García
Aarón Lara
Francisco Vargas
Paola Félix Díaz
Jaime Corenstein

Muchas gracias a los presidentes de partidos políticos que han sido sensibles a la lucha contra la trata firmando convenio.

Gracias a :
Hugo Eric Flores (PES)
Martín Batres (MORENA)
Gustavo Madero (PAN)
César Camacho Quiroz (PRI)
Carlos Madrazo (Verde)
Dante Delgado (MC)
Luis Castro (Panal)

Gracias también a mi equipo de trabajo con quien vivo cada día intensamente, ustedes son testigos de muchos milagros y que cada día AVANZAMOS.

Nina Corona; Karla Jacinto; Ruth Gómez; Evelyn García; Joel Herrera; Alejandra Retana; Carlos Rivera; Graciela Rosas; Ricardo Zamorano.

Muchas gracias José Luis Ayoub por poner orden en tantas ideas y meter una vez más el corazón, ahora en este libro.

Un reconocimiento especial a una gran aliada, autora del libro *Los Cerezos Negros* Ernestina Sodi. Gracias amiga por tu valiosa aportación a este libro, no tengo palabras para agradecer que inviertas tus talentos y tu tiempo en ello. Me gusta mucho el pensamiento que integraste al libro:

"Si la lógica te indica que la vida es un mero accidente sin sentido, no renuncies a la vida, renuncia a la lógica".

Anónimo.

A la psicóloga Paty Caso, quien dedica de manera altruista su vida para reintegrar a las pequeñas rescatadas, ella es una verdadera heroína.

Y a un gran hombre que dio ejemplo de generosidad y quien ayudo a las víctimas a recuperar sus sueños, Germán, gracias amigo querido, me haces mucha falta, especialmente en las madrugadas cuando orábamos juntos ante los grandes retos y peligros de esta causa, te extraño, nos vemos pronto...

"Estas cosas os he hablado, para que mi gozo esté en ustedes, y su gozo sea perfecto. Este es mi mandamiento: que se amen los unos a los otros, así como yo les he amado. Nadie tiene un amor mayor que este: que uno dé su vida por los demás".

Jesucristo

Bibliografía

·American Psychological Association (2009). *Publication manual of the American psychological association* (6ta. Ed.). Washington, DC: Autor.

·Asociación para el Desarrollo Integral, A.C. (2005). *La Merced: Pobreza, vulnerabilidad y comercio sexual* [Diagnóstico]. Documento sin publicar. México, DF.

·Ayoub, J.L. (2011). *Estilos de liderazgo y su eficacia en la administración pública mexicana.* Raleigh, NC: Lulu Enterprises.

·Ayoub, J.L. (2015). *Congreso general, sociedad civil y Ley General en Materia de Trata de Personas.* Foro Jurídico. Revista Especializada, 135, 26-28.

·Caporal, V., Bailón, F. y Montiel, O. (2013). *Diagnóstico del ciclo vital de las mujeres en situación de prostitución y su relación con el proxenetismo*. México, DF: CAM-OAK Foundation.

·Castro, O.A., Rocha, L.M., Sánchez, L.I. y Pöhls, F.L. (2006). *Un grito silencioso. Trata de mujeres en México (Caso Tlaxcala)* (2da. Ed.). Tlaxcala, Tlax: CIISDER-UAT y Centro Fray Julián Garcés, Derechos Humanos y Desarrollo Local, A.C.

·Castro, O.A. y Sánchez, L.I. (2003, octubre). *Prostitución, pobreza y políticas públicas dirigidas hacia las mujeres en la región sur de la zona de Tlaxcala*. Investigación realizada por el Centro de Investigaciones Interdisciplinarias sobre Desarrollo Regional de la Universidad Autónoma de Tlaxcala (CIISDER-UAT) en coordinación con el Centro Fray Julián Garcés, Derechos Humanos y Desarrollo Local, A.C., Tlaxcala, México.

·Centro "Fray Julián Garcés" Derechos Humanos y Desarrollo Local A.C. (2012). *Movimiento contra la trata de personas en Tlaxcala. Exigencia ciudadana y pendientes gubernamentales*. Tlaxcala, Tlax: Autor.

·CNN en Español (Producción). (2015). *Mercancía humana* [Documental]. Video promocional disponible en http://edition.cnn.com/videos/spanish/2015/03/13/cn-nee-promo-cnn-investiga-mercancia-humana.cnn

·Consejo Nacional de Evaluación de la Política en Desarrollo Social. Coneval. (2013). Coneval informa los resultados de la medición de la pobreza 2012 (Comunicado de Prensa No. 003). México, DF: Autor. Recuperado de http://www.coneval.gob.mx/Informes/Coordinacion/Pobreza_2012/COMUNICADO_PRENSA_003_MEDICION_2012.pdf

·Consejo Nacional de Evaluación de la Política en Desarrollo Social. Coneval (2013). Pobreza en México. Resultados de pobreza en México 2012 a nivel nacional y por entidades federativas. México, DF: Autor. Recuperado de http://www.coneval.gob.mx/Medicion/Paginas/Medici%C3%B3n/Pobreza%202012/Pobreza-2012.aspx

·Consejo Nacional para Prevenir la Discriminación. CONAPRED. (2011). Encuesta nacional sobre la discriminación en México. ENADIS 2010. México, DF: Autor. Recuperado de http://www.conapred.org.mx/index.php?contenido=pagina&id=424&id_opcion=436&op=436

·Discovery en Español (Producción). (2014). *Trata de mujeres de Tenancingo a Nueva York* [Documental]. Disponible en https://www.youtube.com/watch?v=dN7Ur1uV-6vo

·Elizalde, R., Aguilar, O.A. y Salazar, E. (2004). *Diagnóstico de la explotación sexual comercial infantil en el estado de Tlaxcala*. Tlaxcala, Tlax: Sistema Estatal DIF-UAT-Primer Colegio de Sociólogos del Estado de Tlaxcala.

167

·Fundación Scelles y Charpenel, Y. (Dir.) (2012). *Rapport mondial sur l'exploitation sexuelle: La prostitution au cœur du crime organisé (World report on sexual exploitation: Prostitution at the heart of organized crime)*. París: Economica.

·Instituto Nacional de Estadística y Geografía. INEGI. (2008). *Las mujeres en Tlaxcala. Estadísticas sobre desigualdad de género y violencia contra las mujeres*. Aguascalientes, MX: Autor. Recuperado de http://www.inegi.org.mx/prod_serv/contenidos/espanol/bvinegi/productos/estudios/sociodemografico/mujeres_en/La_Mujer_Tlax.pdf

·Instituto Nacional de Estadística y Geografía. INEGI. (2010). Censo de población y vivienda 2010. Aguascalientes, MX: Autor. Recuperado de http://www3.inegi.org.mx/sistemas/mexicocifras/default.aspx?src=487&e=29

·Instituto Nacional de Estadística y Geografía. INEGI. (2011). Encuesta nacional sobre la dinámica de las relaciones en los hogares 2011. Aguascalientes, MX: Autor. Recuperado de http://www.inegi.org.mx/est/contenidos/Proyectos/Encuestas/Hogares/especiales/endireh/endireh2011/default.aspx

·Ley General para Prevenir, Sancionar y Erradicar los Delitos en Materia de Trata de Personas y para la Protección y Asistencia a las Víctimas de estos Delitos (2014). México. Última reforma publicada en el *Diario Oficial* de la Federación el 19 de marzo. Recuperado de http://www.diputados.gob.mx/LeyesBiblio/pdf/LGPSEDMTP.pdf

·Maslow, A.H. (1954). *Motivation and personality.* New York: Harper & Brothers.

·Montiel, O. (2009). *Trata de personas: Padrotes, iniciación y modus operandi.* México, DF: Inmujeres.

·Montiel, O. (2011). "El oficio del padrote". En R. Orozco (Coord.), Trata de personas (pp. 103-134). México, DF: Inacipe.

·Montiel, O. (2013). "La reproducción social del victimario. Los proxenetas locales". En R. Casillas (Coord.). Aspectos sociales y culturales de la trata de personas en México (pp. 331-448). México, DF: Inacipe.

·Naciones Unidas (2015). *Proyecto de declaración de Doha sobre la integración de la prevención del delito y la justicia penal en el marco más amplio del programa de las Naciones Unidas para abordar los problemas sociales y económicos y promover el estado de derecho a nivel nacional e internacional, así como la participación pública* (A/CONF.222/L.6 – Distr. limitada). 13º. Congreso de las Naciones Unidas sobre Prevención del Delito y Justicia Penal. Doha, Qatar. Abril 12 al 19. Recuperado de http://www.unodc.org/documents/congress/Documentation/IN_SESSION/ACONF222_L6_s_V1502123.pdf

·Oficina de las Naciones Unidas contra la Droga y el Delito. UNODC. (2014). *Lineamientos para la nominación de personas acreedoras a reconocimientos por su labor en la prevención y combate de la trata de personas.* Sin publicar. Oficina de Enlace y Partenariado en México. México, DF.

·Olamendi, P. (2008). *Trata de mujeres en Tlaxcala.* México, DF: Inmujeres. Recuperado de http://cedoc.inmujeres.gob.mx/lgamvlv/Tlaxcala/tlax01.pdf

·Orozco, R. (Coord.) (2011). *Trata de personas.* México, DF: Inacipe.

·Orozco, R. y Hernández, E. (2011). *Del cielo al infierno en un día.* México, DF: Diamante.

·Peláez, Y.M. (2014, septiembre 24). Entrevistada por L.M. Saucedo [Video]. Expediente Inacipe. Academia Mexicana de Ciencias Penales. Inacipe Digital. Disponible en http://www.inacipe.gob.mx/inacipe_digital/expediente_inacipe/tratadepersonas.php

·Programa de las Naciones Unidas para el Desarrollo. PNUD. (2015). Índice de desarrollo humano para las entidades federativas, México 2015. México, DF: Autor.

·Programa Nacional para la Prevención Social de la Violencia y la Delincuencia 2014-2018 (2014). MX: Presidencia de la República. *Diario Oficial* de la Federación del 30 de abril.

·Sen, A. (1985). *Commodities and capabilities.* Amsterdam: North-Holland.

·Thomson Reuters Foundation (Producción) (2014) *Choose to see* [Video]. Disponible en www.choosetosee.org y https://www.youtube.com/watch?v=3xS2RxM_bJs

·Zehr, H. (2002). *The little book of restorative justice.* Intercourse, PA: Good Books.

Índice

Agradecimientos   5

Introducción   9

A manera de prólogo   13

Capítulo 1

Por algunas tradiciones   23

Capítulo 2

Por la violencia de género
y el machismo   63

Capítulo 3

Por la pobreza y la vulnerabilidad   87

Capítulo 4

Y por la sociedad   107

Anexo   125

Bibliografía   165

www.ingramcontent.com/pod-product-compliance
Lightning Source LLC
Chambersburg PA
CBHW060306290526
45789CB00001B/419